MOTIVACIÓN.
ACCIÓN.
RESULTADOS.

Cómo Los Líderes
En Redes De
Mercadeo Mueven
A Sus Equipos

KEITH Y TOM "BIG AL" SCHREITER

Para información, contacte:

Fortune Network Publishing
PO Box 890084
Houston, TX 77289 Estados Unidos

Teléfono: +1 (281) 280-9800

ISBN: 1-892366-72-X

ISBN-13: 978-1-892366-72-6

TABLA DE CONTENIDOS

Prefacio.

¿Es la motivación un arte? ¿O es ciencia? Tal vez un poco de ambos. La mente es la parte humana menos comprendida, pero nos deja buenas pistas. Podemos trabajar sobre estas pistas para motivarnos más a nosotros mismos y a los demás.

Este libro no es una referencia o un libro de texto sobre la ciencia de la motivación humana.

¿Qué es este libro?

Es una colección de técnicas prácticas de motivación que hemos usado en nuestros negocios de redes de mercadeo.

Motivar a nuestros nuevos distribuidores no es la única tarea como líderes en redes de mercadeo. Sin embargo, ciertamente es una tarea de alta importancia.

Vamos a divertirnos un poco descubriendo algunas maneras interesantes para motivarnos a nosotros mismos, y a los demás, a logros más grandes.

– Keith y Tom 'Big Al' Schreiter

Rosquillas.

Motivación externa, temporal:

1. Tengo hambre. (Motivado)
2. Como una docena de rosquillas. (Feliz)
3. Estoy lleno. (Desmotivado)

Motivación interna, permanente:

1. Tengo hambre. (Motivado)
2. Como una docena de rosquillas. (Feliz)
3. Sigo con hambre. (Fuerte motivación interna)

Sí, ambas maneras de motivación funcionan. Sin embargo, la motivación permanente debería ser nuestra meta eventual. Discutiremos ambos tipos de motivación en este libro.

Motivando al distribuidor desmotivado.

¿Distribuidores desmotivados?

Puede pasar.

Esto nunca se menciona en las juntas de oportunidad, pero algunas ocasiones los distribuidores caen en la inactividad o inclusive... ¡renuncian!

No participan en el proceso de duplicación. ¡Nos están arruinando el plan!

¿Cuál es nuestro trabajo como líderes de redes de mercadeo?

Nuestro trabajo es motivar y liderar, ¿correcto?

Si la motivación es uno de nuestros deberes principales, ¿no sería bueno si tuviésemos varias maneras diferentes de lograrla?

¿Qué tal si un amigo nos pregunta: –¿A qué te dedicas?

Supón que respondemos: –Soy un líder de redes de mercadeo. Uno de mis deberes principales es motivar a mi organización. Y no tengo ni idea de cómo hacerlo.

¡Aaargh! Estoy seguro que nuestro amigo estaría en medio de una carcajada pensando "¡Pero qué idiota!"

La motivación es gigantesca.

No hay una sola manera de motivar a otros. Hay muchas maneras.

Todos los tipos de motivación tienen buenos y malos puntos, y algunos tipos sólo funcionan en circunstancias limitadas.

Entremos directo en el tema y establezcamos algunas de las maneras en las que podemos motivar a nuestro equipo.

El lado negativo de la motivación por recompensas.

Llamamos a Sam, nuestro distribuidor semi-vivo, y decimos: –¿Sabes que si vendes sólo $6,000 más de productos, calificas para el bono de auto de la compañía?

¡Vaya! Eso debería hacer que la adrenalina de Sam se mueva.

Pero, **no lo hace.**

Sam piensa, "Desearía que mi patrocinador dejara de llamarme. No hay manera de que venda siquiera $50 de nuestros productos. Además, acabo de comprar 150 canales de cable y tengo mis propios problemas en qué pensar. Hey, ya casi me da síndrome del túnel carpiano de presionar los botones en mi nuevo control remoto de alta velocidad. ¡Podría quedar discapacitado! Y bueno, mi Ford Pinto del '72 aún funciona bien, siempre y cuando la mancha de corrosión no llegue al tanque de gasolina. No necesito un coche nuevo. No tengo tiempo de salir de casa para que me rechacen. Ohhh. La mano y el pulgar me están doliendo. Daré un vistazo a todos los canales hasta llegar al Hypocondriac Channel. Tal vez debería de apagar mi teléfono también..."

Ese es el problema con la motivación por recompensas. Algunas veces **no funciona.**

¿Por qué? Hay varias razones.

Sam no cree que pueda hacerlo. No ha vendido $6,000 de productos en el pasado. Eso es prueba suficiente de que no se puede hacer. El hecho de que tu compañía de redes tenga un programa de autos no cambia las creencias o habilidades de Sam. Él todavía tiene poca confianza... y es más que un poco perezoso.

Sam tomará el camino de **menor resistencia.** Su coche todavía funciona. Es más fácil parchar la carrocería de su coche que vender $6,000 en producto. Eso sería demasiado trabajo y rechazos. Es más fácil usar el auto menos.

Esta es la vieja historia del "burro y la zanahoria" de nuevo. Si no conoces la historia, es algo más o menos así:

Si quieres que un burro testarudo camine, coloca una zanahoria en el extremo de un palo y sujétalo frente al burro. Si el burro tiene hambre, caminará hacia adelante tratando de morder la zanahoria. Funciona genial... **¡a menos que el burro no tenga hambre!** Un burro sin apetito ignora tu recompensa de zanahoria y se quedará tirado, desmotivado.

Suena bastante familiar, ¿no es así? Si un distribuidor necesita más dinero para una casa más grande, el distribuidor tiene dos opciones:

Opción #1: Trabajar. Patrocinar personas nuevas. Hacer ventas. Recibir rechazos. Conducir a las reuniones. Estudiar y aprender más habilidades. Tolerar la decepción. Asistir a seminarios de entrenamiento. Hacer llamadas telefónicas y tomar el riesgo de que todos estos esfuerzos no le paguen ninguna recompensa.

Opción #2: Quedarse en casa. Aprender a vivir en condiciones apretadas. Disfrutar los nuevos canales de cable.

Qué opción tomaría la mayoría de las personas.

Opción número dos.

La opción dos es más fácil. No hay riesgos. Es el camino de menor resistencia. Vivir en condiciones apretadas es como el burro... se siente mejor quedarse inmóvil que alcanzar la zanahoria.

Es por esto que el 98% de los distribuidores no lo intentan cuando nuestra compañía de redes lanza un concurso. Para ellos es más fácil conformarse y quedarse donde están.

Si la motivación por recompensas funcionara realmente, todos en nuestra compañía estarían en la posición más alta, cobrando el mayor porcentaje de bonificaciones, conduciendo por ahí en el mejor auto pagado por la compañía, y disfrutando cada incentivo de vacaciones.

Las recompensas pueden funcionar, pero sólo si las personas están hambrientas. La mayoría de las personas no tienen hambre. Lo pasan bien en la vida en su nivel de ingresos actual y en su confort.

Las recompensas son como sobornos. El mensaje que transmitimos es:

"Te daremos esto, si haces aquello."

Eso significa que las personas tienen opción. Desafortunadamente, las personas tienden a elegir la opción más fácil y segura.

La motivación por recompensas tiene límites. Necesitamos tener maneras adicionales para motivar a nuestras organizaciones.

Sin embargo, sólo porque la motivación por recompensas no es perfecta no significa que nunca deberíamos usarla. Si decidimos usar motivación por recompensas, queremos hacerlo lo mejor que podamos.

Veamos algunas ideas de motivación por recompensas que funcionan. Y si, ésta es motivación temporal, pero tenemos que comenzar en alguna parte.

Ejemplos de motivación por recompensas que funcionan.

Recompensas. Artículos. Premios. Eso suena muy bien. El resumen básico de esta motivación es, "Te daremos esto, si haces aquello."

Veamos el lado positivo. Aquí hay algunos ejemplos de motivación por recompensas que han funcionado en el pasado.

¡Gane un viaje a Hawai!

Hace años, una compañía de redes de mercadeo vendía filtros de agua. Sus distribuidores no eran vendedores entrenados. El plan de mercadeo de la compañía era que el distribuidor prestara el filtro de agua a un prospecto. Esto le permitía al prospecto usar el filtro por una semana. Entonces, probablemente el prospecto compraría la idea y las ventajas de mantener el filtro de agua.

A pesar de que los distribuidores "prestaban" los filtros de agua, muchas personas se rehusaban a recibirlos. Tenían miedo de un largo discurso de ventas cuando el vendedor regresara a recoger el filtro después de una semana.

El departamento de marketing de la compañía ideó un plan para hacer más fácil prestar los filtros de agua. Cada prospecto que utilizara un filtro de agua por una semana recibiría una oportunidad de ganar un viaje a Hawai. Cada semana la compañía elegía a un ganador.

Así que ahora, todo lo que el distribuidor tenía que decir era: –Por favor prueba el filtro de agua por una semana. Lo peor que puede ocurrir es que recibas una oportunidad de ganar un viaje gratis a Hawai. Lo mejor que puede ocurrir es que tu agua sepa fabuloso y quieras conservar el filtro de agua.

Esta recompensa hizo más fácil prestar los filtros de agua. En este caso, la motivación por recompensas funcionó bastante bien.

Pero, se pone mejor.

La compañía también aprovechó otro método de motivación. Aquí está lo que agregaron.

La compañía le enseñó a cada distribuidor a decir: "Recibirás un boleto gratis para el sorteo de las vacaciones a Hawai de esta semana. Y, si ganas las vacaciones, me regalaran unas vacaciones a mí también. Así que por favor toma el filtro de agua por una semana. No sólo puedes ganar unas vacaciones gratis a Hawai, si ganas, a mi también me darán unas vacaciones gratis."

Ahora, el prospecto se sentía culpable si no tomaba el filtro de agua durante una semana. La **motivación por culpa** también funciona. Era difícil para los prospectos rehusarse a recibir el filtro. No querían ser responsables de que el distribuidor no tuviese una oportunidad de ganar un viaje a Hawai.

Recompensas de boletos de lotería.

Esta es una genial manera de prospectar nuevos distribuidores, y mantener activa tu organización actual, semana tras semana tras semana. ¿El costo? Como un dólar, el precio de un boleto de lotería.

Muchos prospectos tienen enormes decepciones en sus vidas. Algunas veces tienen ganas de renunciar. ¿Su solución? Comprar algunos boletos de lotería. Una esperanza temporal es mejor que ninguna esperanza en absoluto.

Ahora, si comprar boletos de lotería es su acto final de desesperación, entonces eso es muy triste. Éstos prospectos necesitan algo que les ofrezca una mejor posibilidad de tener éxito. Tal vez algo como... ¡Redes de mercadeo!

Dile al prospecto: −Tengo un mejor plan que los boletos de lotería. Tendrás una mejor probabilidad de ganar. Únete a mi programa de redes de mercadeo. Haz lo que yo hago (recomendar y promover nuestros productos y oportunidad), y no te detengas hasta que te hagas rico. Cada semana compraré un boleto de lotería para todos y dividiremos las ganancias contigo. Haremos esto cada semana. Estaremos camino a hacernos ricos en nuestro negocio de redes de mercadeo. Y, ¡cada semana tendremos una oportunidad de ganar la lotería!

Qué manera tan genial de darle un poco de esperanza a alguien que se siente deprimido.

Qué manera tan genial de patrocinar personas nuevas.

Qué manera tan genial de mantener a las personas trabajando en sus negocios, semana tras semana tras semana.

Ahora, no requiere mucha imaginación darnos cuenta de que nuestros nuevos distribuidores podrían extender esta oferta a sus prospectos y su organización.

Eso es apalancamiento.

Bueno, todavía se pone mejor. La motivación de "miedo a la pérdida" funciona con esta técnica del boleto de lotería.

El distribuidor semi desanimado quiere participar. ¿Por qué? Porque si el distribuidor no participa en esta semana, y el boleto de lotería de esa semana gana, ¡oh cielos! El distribuidor sentiría que perdió la mitad de las ganancias debido a que no trabajó en su negocio durante esta semana.

No dejes pasar esta idea.

Piensa en otras maneras en las que podemos utilizar un simple billete de lotería para motivar a nuestro grupo actual.

Podríamos comprar un boleto de lotería para cada uno de los nuevos distribuidores que asisten a nuestro entrenamiento de inicio rápido. O, podríamos ofrecer comprarles un boleto de lotería cada semana durante 10 semanas, si logran cumplir una cierta meta.

¿Qué tal repartir boletos de lotería gratuitos en tu junta de oportunidad con los distribuidores y los invitados? ¡Wow, wow, wow!

¡Esto funciona también para tus productos!

En nuestro libro, *51 Maneras y Lugares para Patrocinar Nuevos Distribuidores*, explicamos cómo usar un boleto de lotería perdedor podría motivar a más personas a convertirse en clientes.

Aquí está el fragmento:

***

Por ejemplo, digamos que vendes productos para dietas y no puedes costear la publicidad. Quizá todo lo que puedes costear para tu promoción sea un suministro mensual de productos dietéticos.

¿Entonces qué hacer? ¿Qué hay de un concurso para PERDEDORES?

Anuncia que cualquiera puede entrar al concurso, pero debe de contar con dos requisitos.

1. Debe de tener un boleto de lotería perdedor.

2. Deben de querer perder algo de peso.

Haz un sorteo de los boletos de lotería perdedores y regala un suministro mensual de tus productos de dieta al ganador.

Tendrás mucha publicidad de boca a boca con una campaña innovadora. Haz más interesante la campaña al hacer el sorteo en el local de rosquillas o en la pizzería.

* Si vendieras productos para el cuidado del cutis, ¿qué tal un concurso de "Pierde esas arrugas"?

* Si vendieras servicios de viajes, ¿qué tal un concurso de "Deja atrás el invierno" para alguien que odia el frío?

* Si quisieras promover tu oportunidad, ¿qué tal un concurso de "Pierde a tu jefe"?

* ¿O qué tal esto? Ve quién puede dar la mejor razón para "Perder el despertador". Wow. Serían prospectos ultra calificados.

***

¿Qué tal algunas ideas más de motivación a corto plazo?

¡Un curso de liderazgo gratuito de cinco semanas, cena incluida!

Cada jueves por la noche, de las 7:00 p.m. a las 10:00 p.m., organizamos una cena de entrenamiento en un restaurante local. Llevamos a cabo esta junta de entrenamiento durante cinco jueves consecutivos.

¿Cuánto cuesta esto?

Imagina que la cena para nuestro nuevo distribuidor cuesta $20. Nuestra sala de juntas es gratis puesto que el restaurante proveerá un salón separado para nuestro "evento de entrenamiento" y nuestros invitados.

Si pagamos por el entrenamiento de liderazgo y la cena de nuestro nuevo distribuidor, nuestro costo total es solamente $100 por distribuidor durante las cinco semanas.

Ahora, ¿qué fue lo que compramos por nuestra inversión de $100?

Primero, compramos un nuevo distribuidor. Éste programa de entrenamiento único de cinco semanas, incluyendo la cena, fue un incentivo espectacular que motivó a nuestro prospecto a unirse.

Segundo, compramos una asistencia garantizada en nuestras siguientes cinco juntas de entrenamiento. La comida gratis siempre atrae al público.

Tercero, compramos un distribuidor entrenado que podría desarrollarse en un líder potencial. Sólo piensa cuanta información, creencias y motivación podríamos transferir durante estas cinco sesiones de entrenamiento.

¿Podemos costear comprar distribuidores por $100?

Si podemos, los compramos por montones. Si no podemos, cambiaremos la promoción a algo menos costoso.

Tal vez podríamos fijar pequeños requisitos, como que el nuevo distribuidor hiciera una venta esa semana, o que patrocinara a alguien nuevo.

O tal vez el distribuidor podría pagar por su cena, así nuestro costo total sería cero.

Sólo recuerda, entre más inviertes en tus nuevos distribuidores, más probabilidades hay de que asistan.

Pero usualmente un nuevo distribuidor bien entrenado puede producir suficiente volumen y patrocinar suficientes personas, para generar un retorno genial sobre nuestra inversión promocional de $100.

Hacer que los demás nos apoyen con nuestros concursos de motivación por recompensas.

Podríamos involucrar a la esposa para proveer motivación consistente todos los días para nuestro distribuidor.

¿Cómo?

En los 50s, una compañía lanzó un concurso para que los vendedores encontraran clientes nuevos. Todos los vendedores eran hombres.

El gran premio por conseguir 20 nuevos clientes era un abrigo de piel para la esposa (eso probablemente sería políticamente incorrecto hoy en día). Ya que esto era algo bastante lujoso en 1950, la mayoría de las esposas estaban muy emocionadas. Aportaron bastante motivación para que sus esposos aceptaran el rechazo que viene acompañado de prospectar buscando clientes nuevos.

Pero la compañía no quería correr riesgos. Cada semana la compañía enviaba por correo una postal a la casa de los vendedores con el número de clientes nuevos hasta el momento. Por supuesto, la esposa veía la postal primero. Ella sabía que si quería ese abrigo de piel, tenía que continuar motivando e inspirando a su esposo.

La compañía recibió ayuda. La compañía utilizó postales cada semana para enganchar a la esposa y ayudarles a motivar al vendedor.

Hay una lección aquí.

No tenemos que motivar al distribuidor. En lugar de eso, tal vez podríamos involucrar a la esposa del distribuidor, a sus hijos, compañeros de trabajo o amigos para que nos apoyen a inspirar a nuestro distribuidor para que llegue a grandes alturas.

Sólo para que no pienses que esto es sexista... Aquí está cómo una compañía con una fuerza de ventas femenina podría motivar a los esposos para inspirar a las mujeres.

Ofreciendo la consola de videojuegos más novedosa como premio mayor. La mayoría de los esposos adictos a los videojuegos felizmente se ofrecería como chofer para llevar a la esposa a todas las citas. ¿Y boletos para el estadio? Sí, muchos esposos serían los mejores apoyos para el éxito de su esposa.

Incluso el jefe de tu distribuidor podría apoyarte con motivación.

No lo olvides, nuestro distribuidor tiene un jefe en su trabajo. El déspota y negativo jefe proveerá bastantes razones **todos los días** para motivar a que nuestro distribuidor trabaje duro para dejar ese empleo que está matando sus sueños.

En su búsqueda por más ganancias, muchas empresas obligan a los empleados a trabajar más duro, trabajar más horas, e incluso con menores beneficios. Los empleados lo saben. Todo lo que tenemos que hacer es recordarle a nuestro distribuidor de su empleo.

Sí, la frustración puede ser una gran motivación.

Más ideas para concursos y recompensas.

¿Qué sería bueno? Bien, el efectivo es aburrido y los coches son una idea vieja. ¿Qué podemos hacer que sea diferente?

Idea #1: ¡Gana nuestro concurso y pagaremos tus impuestos por un año completo! Las personas odian pagar impuestos y les encantaría recibir de vuelta todo ese dinero.

Idea #2: ¡Gana nuestro concurso y pagaremos tu hipoteca este mes! O si fuese un gran concurso, ¡podríamos hacer sus pagos de la hipoteca por un año completo! El pago de la hipoteca usualmente es el gasto más grande en el presupuesto de una familia. Puedo ver a las esposas emocionadas sobre recibir todo ese dinero extra y gastarlo en lo que quieran cada mes.

¿Qué tal un crucero?

Actualmente, los cruceros al Caribe son baratos, sólo unos $100 a $150 por día por persona. Así que un crucero de siete días puede ser solamente $700 a $1000 o algunas veces incluso menos. Eso incluye comidas, entretenimiento, camarote... Y bastante diversión bajo el sol.

Muchas personas sueñan con el día en el que pueden pagar un crucero al Caribe. Pero no pueden poner un crucero en su presupuesto. Podemos apoyarlos con este incentivo.

Comienza el incentivo con un año de anticipación. Eso significa que el crucero sólo costaría unos $60 por mes por los próximos 12 meses.

Pregúntate, "¿Qué podría hacer mi distribuidor que me pudiera dar a ganar $60 extra al mes?"

Ahora, esto podrían ser muchas cosas, pero para propósitos de la demostración, imaginemos esto. Si el distribuidor en nuestra organización patrocina a dos personas nuevas en el mes, podríamos ganar $60 extra.

Eso se puede lograr. Cualquiera puede patrocinar dos personas en un mes si realmente lo desean. Así que este incentivo es atractivo para todos.

Aquí está lo que podemos anunciar como concurso para el crucero en nuestro grupo personal.

El crucero grupal de "Mi Equipo."

Únete con nosotros en el crucero de 7 días en el Caribe. Este crucero de lujo incluye todas las comidas y bufetes, entretenimiento, tu camarote y mucho más. Únete al equipo, conoce personas nuevas, explora islas exóticas, y guarda los recuerdos para siempre.

El crucero tiene un precio de sólo $700 y puedes hacer 12 pagos de sólo $60 al mes. ¡Pero se pone mejor!

¿Te gustaría que yo hiciera los pagos por ti? Si patrocinas dos distribuidores nuevos en un mes, ¡yo haré el pago de ese mes por ti! Si haces esto cada mes, ¡pagaré por tu crucero completo! Únete con nosotros en este crucero, y por favor ¡permíteme hacer la mayoría de los pagos por ti!

Aquí está la magia. Doce razones para estar emocionado.

Primero, todos sienten la emoción de recibir un crucero gratis. Les encanta cuando alguien más paga.

Segundo, el concurso no es uno de esos donde sólo los mejores 10 distribuidores ganan y todos los demás pierden. Todos sienten que tienen una oportunidad.

Tercero, si no califican por uno o dos meses, no lo pierden todo. Pueden hacer esos pagos por ellos mismos.

Cuarto, si califican por 10 meses, están felices de hacer los otros dos pagos ellos mismos. ¡Unas vacaciones muy, pero muy baratas!

Quinto, las nuevas personas que se unen a la mitad del incentivo todavía pueden calificar para que algunos de sus pagos sean gratis.

Sexto, muchas personas pagarán porque su pareja asista también. Si quisiéramos, podríamos expandir el incentivo del crucero y decir que podrían calificar por dos pagos si patrocinan a cuatro personas durante el mes.

Séptimo, muchas personas que califiquen no asistirán. Podrían tener otras obligaciones, conflictos, o tal vez no les gustan los cruceros. Esto nos da dinero extra para gastar en quienes si asisten.

Octavo, todos pagan por su propia transportación para llegar al puerto. Tú no tienes que pagar por eso. Las personas usan sus millas de viajero frecuente o conducen en grupo. Ellos encuentran la manera.

Noveno, se crean lazos. Nuestro equipo crea lazos al vivir juntos todos los días en el barco. No es como en un hotel donde las personas se van por su lado. En un crucero, comen juntos, asisten a los shows juntos, se van de fiesta juntos, hacen excursiones en tierra juntos... Todo el tiempo están creando lazos. Esto realmente crea lealtad y espíritu de equipo.

Décimo, recuerdos. La vida se mide por el número de recuerdos, no por el número de años. Nuestros distribuidores hablarán sobre este crucero durante muchos años.

Onceavo, patrocinios. Ocurren más patrocinios a través de este incentivo. Éstos son patrocinios consistentes, no una explosión de una ocasión. Éste es un incentivo genial para que se unan nuevas personas. El crucero en puerta le da a nuestro equipo algo extra de qué hablar.

Doceavo, los nuevos miembros del equipo que construimos a través de este incentivo nos dan a ganar mes tras mes, año tras año.

¿Puedes ver un crucero en tu futuro?

Cómo hacer que tu inversión en el concurso rinda mucho más.

No nos gusta tirar dinero. Si invertimos en un concurso o una promoción para nuestro grupo, queremos conseguir los mejores resultados por nuestro dinero. Veamos cómo podemos mantener a todos involucrados al eliminar a la competencia "injusta."

¿Quién es la competencia realmente?

Queremos que nuestros distribuidores compitan contra sí mismos, no contra los demás. De esta manera podemos hacer que más distribuidores participen en el concurso.

¿Qué tal si sólo tenemos un gran premio como regalo, un viaje a Hawai? El distribuidor que patrocine a más nuevos distribuidores por los próximos 30 días ganará el premio. Aquí está lo que la mayoría de los distribuidores en nuestra organización pensará:

"Ohh, Juan Superestrella ganará el concurso. Siempre patrocina más personas que yo. El tiene muchos prospectos con los que puede hablar durante los próximos 30 días. Puesto que no hay manera en la que pueda derrotar a Juan Superestrella, ni siquiera me molestaré en intentarlo. Me sentaré en casa, miraré televisión y comeré más helado".

Cuando obligamos a que nuestros distribuidores compitan entre ellos, la mayoría no participa. Sienten que no tienen una oportunidad. En lugar de eso, considera que nuestros distribuidores compitan contra sí mismos.

Por ejemplo, imagina tener un concurso donde cualquier distribuidor que patrocine a una nueva persona en los próximos 30 días, gane un asiento especial en tu banquete de liderazgo mensual. Esto significa que todos pueden competir – y todos pueden ganar.

Más distribuidores tratarán de patrocinar personas nuevas porque sienten que pueden ganar.

En mi libro, *26 Ideas Instantáneas De Marketing Para Construir Tu Negocio De Redes De Mercadeo*, escribí sobre esta campaña exitosa:

El banquete mensual.

Cada mes nuestro grupo tenía una cena en un famoso restaurante de comida china. La única manera en la que podías asistir a esta cena especial era por invitación. Pagarías por tu cena, pero tenías una invitación especial para asistir.

¿Cómo ganabas la invitación?

Simplemente patrocinabas un nuevo distribuidor durante el mes. Es todo. Si patrocinabas a un nuevo distribuidor, recibías una invitación. El valor real para el distribuidor era ser parte de un grupo especial en la cena mensual.

Para hacer las cosas todavía mejores, el nuevo distribuidor (o distribuidores) que patrocinaste, también recibía una invitación.

Imagínate esto. ¿Te puedes ver a ti mismo en un lugar lleno de distribuidores activos y que patrocinan a nuevas personas, además de los nuevos distribuidores que patrocinaron? ¡Es emocionante!

¿Cuál era el costo?

Unos $15 por persona.

Negocié un precio grupal más bajo para la cena los lunes. Era un día en que el restaurante chino tenía muy poco movimiento.

Pregunté: –¿Cuánto cuesta una comida del bufete?– El dueño dijo: –$19.95 más bebidas.

Sin embargo, yo tenía mucho más para ofrecer. Pregunté cuál sería el precio si traía a 40 personas al mismo tiempo. El dueño del restaurante dijo: –Sólo $15, y ya incluye la bebida.

¡Vendido! Si puedes ofrecer un trato como este, el dueño del restaurante estará feliz. Va a ganar algo de dinero el lunes por la noche y mantener a algunos de sus empleados felices con el movimiento extra. Además, el dueño del restaurante sabe que su comida es tan buena, que nuestro grupo seguramente le dirá a otros. Está buscando algunos buenos clientes a través de referencias.

Puesto que tenemos que comer en algún lugar, el restaurante pone a tu grupo en un salón privado. Tu banquete ahora puede incluir una pequeña sesión de entrenamiento... Y no tienes esos altos costos de rentar un salón de conferencias. Si el dueño del restaurante no ofrece de inmediato un salón privado, dile:

–Algunas veces tenemos un pequeño brindis o un discurso, y no queremos molestar a tus otros clientes. ¿Tendrás algún pequeño salón o cuarto de banquetes donde pudiéramos comer para no molestar a nadie más?

Durante nuestro "banquete," tenemos trofeos para los mejores reclutadores, los mejores vendedores, premios especiales para otras categorías y un genial espíritu de equipo. Nada mal para un concurso económico donde todos pagan por su propia comida.

A pesar de que cada distribuidor estaba compitiendo contra sí mismo, había también presión grupal para asegurarte de que nunca te perdieras la cena mensual. Querías que tus amigos y organización te vieran ahí cada mes.

Imagina este escenario. La Sra. Distribuidor compró un nuevo vestido para el banquete mensual. No puede esperar a ver a sus amistades y ponerse al día en todas las noticias que hay desde el último banquete.

Hoy es el 29 del mes. Su esposo, el Sr. Distribuidor, llega a casa del trabajo. Emocionada, la Sra. Distribuidor le muestra el vestido que acaba de comprar para el banquete mensual. Puesto que el banquete está a sólo dos días, ella pregunta: –Oye, por cierto, ¿cuántos distribuidores nuevos has patrocinado este mes?.

Él responde: –Ninguno.

¿No piensas que el Sr. Distribuidor se asegurará de patrocinar a alguien mañana antes de que regrese a casa? Yo también lo pienso.

La motivación puede venir de compañeros, esposos, o inclusive competidores.

¿El resultado?

Esta simple cena mensual mantuvo a los líderes y distribuidores activos y patrocinando cada mes.

Mejorando nuestros concursos.

Cuando ofrecemos un premio en un concurso, podemos mejorar nuestros resultados al asegurarnos de que nuestro premio:

1. Cree emoción. Si nuestro premio es mundano, aburrido e insípido, no esperes que las personas corran para calificar. Una tostadora o una aspiradora matan la motivación. Pero 100 boletos de lotería o una cena de primera clase en el restaurante de lujo hará que nuestros distribuidores se emocionen.

2. Se percibe con alto valor. Un viaje a Las Vegas se siente más valioso que el equivalente en dinero. Una cena con el presidente de la compañía se siente más valiosa que el costo de $20 por la cena.

3. Tiene sólo un periodo de tiempo corto, cuando sea posible. Es más fácil emocionarse cuando el concurso dura sólo unos pocos días o semanas. Un concurso de un año de duración requiere motivación y recordatorios constantes.

¿Queremos construir más cooperación dentro de nuestro grupo?

Sí, todos queremos participar en un grupo. Somos criaturas sociales.

Podemos hacer que nuestra motivación por recompensas sea extra efectiva al agregar presión grupal para superar el **miedo al rechazo.**

Muchas ocasiones, salimos de nuestra zona de confort para ayudar a otros solamente.

En nuestros concursos, intentemos ofrecer un **premio grupal.** De esta manera cada persona en el grupo siente la necesidad de contribuir. Nadie quiere dejar abajo a los demás miembros del grupo.

Prueba con este concurso.

Si tenemos cinco distribuidores, ofrece una cena y algo de entretenimiento, pero **solamente** si cada uno patrocina a por lo menos una persona.

Los miembros fuertes del grupo fácilmente patrocinarán a una o más personas.

Los miembros más débiles del grupo irán más allá de su zona de confort y tratarán de patrocinar a alguien. No quieren ser **responsables** de que el grupo no gane el concurso.

Lo mejor de todo, los miembros más fuertes del grupo tratarán de apoyar a los más débiles a conseguir nuevos distribuidores.

Todos ganan.

Ahora hemos duplicado nuestro grupo de cinco distribuidores a 10, con un bajo costo.

Agrega esto al concurso. Si una persona patrocina cinco nuevos distribuidores, entonces todos ganan automáticamente.

Estarán vitoreando a esa súperestrella para que patrocine a cinco distribuidores.

Esto reducirá los celos e incrementará el espíritu de cooperación. Se apoyarán entre sí con la esperanza de que todos ganen.

Como un bono, nuestros distribuidores colaborarán y harán un plan para derrotar al sistema para que todos puedan ganar. ¡Significa que nosotros también ganamos!

Los premios y concursos funcionan, así que diviértete creando tus propios incentivos.

Motivación por miedo.

Un niño mide 50cm (20 pulgadas). Mira a su papá, que mide 182cm (6 pies) en comparación. El papá le dice al niño:

—¡Siéntate!

¿Qué piensa el niño?

"Sí, bien, no es mala idea, tal vez deba sentarme. ¡Especialmente por que papá luce molesto! Creo que me sentaré... ¡aquí mismo!

Ahora, ¡eso es efectivo! Años más tarde, cuando el niño tiene 18 años, su padre mira hacia arriba a su hijo de 1.98m (6' 6'') y 108kg (240 lb) y dice:

—¡Siéntate!

¿Crees que el mensaje del padre todavía carga el mismo tono amenazante?

¿O crees que la orden del papá ha perdido algo durante los años? No es lo mismo a cuando el niño era pequeño.

Así que, tal vez el miedo **no es** una buena motivación cuando las personas tienen otras opciones.

Algunas personas experimentan motivación por miedo en sus trabajos. Su jefe podría decir:

–¡Si no haces lo que te digo, estarás despedido!

Piensa en esto. ¿Cómo te sentirías si alguien usara la motivación por miedo contigo?

¿Te sentirías desmotivado? ¿Molesto? ¿Resentido? O, tal vez desarrollarías la actitud "me pondré a mano con el jefe."

¿Crees que hay un lugar en redes de mercadeo para este tipo de pensamiento? No. No deberíamos amenazar a nuestra organización.

Los distribuidores de redes de mercadeo son **voluntarios**, así que no tenemos la palanca que se necesita para motivarlos por miedo.

Digamos que hablas con alguien de tu organización por teléfono y dices:

–Si no patrocinas a nadie hoy, ¡estás despedido! ¡Y nunca te volveré a llamar jamás!

Tu distribuidor seguramente pensará:

"¿Nunca me llamarás de nuevo? Oye, ¿es una promesa? ¡Muy bien! No tendré que escuchar de nuevo a mi inútil patrocinador."

El miedo es uno de nuestras herramientas de motivación menos efectivas. Sin embargo, para **algunas** situaciones, funciona bien.

Miedo al fracaso = vergüenza.

Cuando comenzamos nuestro negocio, muchos de nuestros amigos y parientes nos dicen: –Oh, eso no sirve. Nunca serás exitoso. Qué tonto, te embaucaron."

Regresar con nuestras amistades y admitir que tenían razón, ¡auch! Esa escena es difícil de digerir.

Uno de nuestros principales motivadores por miedo es "evitar estar equivocados." Significa que trabajaremos más duro, atravesaremos obstáculos, y seremos más persistentes. ¿Por qué? Para evitar la desgracia de regresar con las personas negativas y admitir que tenían razón.

Podrías decir esto casualmente de vez en vez, cuando tu organización te esté escuchando:

"Podemos renunciar en cualquier momento. Entonces, iremos con nuestros amigos y parientes negativos para que digan, '¡Te lo dije! ¡Te dije que eras un tonto por tratar de vivir una vida mejor!'"

Duele.

O, podemos continuar atravesando obstáculos temporales. Y podemos decirle a nuestros amigos y parientes negativos, "¡Te lo dije! ¡Te dije que podría mejorar mi vida si lo intentaba!"

Esta pequeña escena en nuestra mente puede motivarnos a través de los retos mas duros.

¡No quiero quedarme atrás!

Imagina que tienes tres años de edad. Tu madre te lleva al mercado. Estás aburrido. Comienzas a deambular. Vas a explorar, y tu madre rápidamente te jala de la mano. Quieres ver algo interesante, pero de nuevo, tu madre corre detrás tuyo y te jala.

Después de algún tiempo, tu madre dice: –¡Sujétate de mi vestido! Si te alejas de nuevo, me iré de este mercado, ¡y te dejaré aquí solo!

Tú solamente tienes tres años. Tu madre es tu única fuente de supervivencia. Entras en pánico. Sujetas el vestido de tu madre con ambas manos y tienes miedo de soltarlo. Si tu madre se va sin ti, no sobrevivirás.

El miedo de ser dejado atrás funciona en todas partes de tu vida.

Después, en la escuela, tu maestra sabe que tienes este programa de "no quiero que me dejen atrás" en tu mente. Ella te lleva hacia un lado y dice: –Si no haces tu tarea, tus compañeros terminarán este curso, y tú te quedarás atrás.

De pronto, tenemos la motivación para hacer nuestra tarea. No queremos quedarnos atrás cuando nuestros compañeros de clase pasen al siguiente curso.

Este programa se refuerza en la preparatoria. Todos los chicos populares son invitados a una fiesta, pero nosotros no. Fuimos... dejados atrás. Ese mal sentimiento alimenta el programa "no quiero que me dejen atrás" en nuestra mente.

Es por esto que entramos en pánico cuando vamos tarde para tomar un vuelo. El programa en nuestra mente es: "No quiero que me dejen atrás."

Puedes activar este programa en ti mismo y en otros a través de muchos medios diferentes.

Por ejemplo, habrá reconocimientos en tu próximo gran evento. Podrías decir: –La mayoría de los distribuidores que reúnan los requisitos este mes serán reconocidos por alcanzar el primer nivel en nuestro plan. Asegúrate de calificar. Cuando todos suban al escenario para recibir sus reconocimientos, no quieres que te dejen atrás. No quieres ser el único sentado en la audiencia aplaudiendo.

O podrías decir esto: –La convención es nuestro evento más importante del año. Asegúrate de conseguir tu boleto ahora. No quieres que te dejen atrás. No quieres quedarte en casa preguntándote por qué nunca ganas dinero, mientras otros están en la convención aprendiendo nuevas maneras de hacer crecer su cheque.

O podrías decir esto: –Calificar para el concurso del crucero este año será fácil. Asegúrate de calificar pronto. Quieres estar en el crucero enviando postales a tus amigos. No quieres ser la persona que se quede en casa, recibiendo postales de sus amigos.

El miedo motiva.

El miedo al fracaso, el miedo al ridículo, el miedo a ser dejado atrás. Todos son motivadores grandes cuando enfrentamos nuestros obstáculos.

¿Pero qué tal otro ejemplo?

Cuándo usar la competencia dentro de nuestro grupo.

La personalidades rojas aman las competencias. El premio es insignificante. El honor y el reconocimiento de la victoria lo son todo.

Por ejemplo, considera el viejo concurso de "Carne y Frijoles." Al comenzar la semana, dos distribuidores quedan de acuerdo en lo siguiente:

"El que venda más productos para el viernes por la noche se lleva una cena de un filete. El perdedor tendrá que comer frijoles. Además, el perdedor debe de pagar por las dos cenas y observar al distribuidor victorioso disfrutar su filete."

Observa que tan duro estos distribuidores ultra-competitivos trabajarán sólo para ganar este concurso. La mejor parte es que el perdedor usualmente desea una revancha la semana siguiente para recuperar su honor. Eso significa más volumen. Todo este esfuerzo productivo ocurre sólo por honor y reconocimiento.

La mejor parte es que este concurso no nos cuesta nada, y aún así produce grandes resultados.

No tenemos que limitar este concurso, no nos cuesta nada, y produce grandes resultados.

No tenemos que limitar este concurso a sólo dos distribuidores. ¿Por qué no considerar hacer equipos?

Ahora tenemos la motivación extra para que los distribuidores trabajen más duro para asegurarse de no dejar abajo a los otros miembros del equipo.

Muchas veces el miedo a perder es mucho mayor que la motivación para ganar. Así es la naturaleza humana.

El concurso de "Carne y Frijoles" usa la motivación por reconocimiento y la motivación por miedo. Ambas funcionan. Y ambas funcionan bien cuando se usan en conjunto.

La motivación por miedo puede ser tan fácil como esto.

Bob Conklin contó la historia de un chico que olvidaba meter la cola de su camisa dentro de sus pantalones. Sin importar cuánto se quejara su madre, el joven continuaba corriendo con la cola de la camisa por fuera.

Su madre resolvió el problema con una simple tarea. Un día mientras cosía, decidió coser encaje blanco en la cola de la camisa de su hijo.

Ahora su hijo estaba motivado para nunca permitir que la cola de la camisa se saliera de sus pantalones de nuevo. ¿Por qué? Miedo al ridículo.

¿Quieres otro ejemplo genial de una solución simple para la motivación a largo plazo? Esta solución fue sólo un "sound bite."

Zig Ziglar contó la historia de un niño que no quería cepillar sus dientes. Su madre resolvió el problema de la motivación al decirle a su hijo: –Sólo cepilla los dientes que quieres conservar.

Listo.

Superando el miedo de afiliarse.

Riesgos. Odiamos los riesgos. Para muchos prospectos y distribuidores, eliminar el riesgo abre la puerta para la motivación.

Aquí tienes un ejemplo. Damos nuestra mejor presentación. Beneficios poderosos. Ejemplos de historias motivadoras. Y cuando terminamos nuestra obra maestra, nuestro prospecto se queda con… **una mirada en blanco.**

Nuestro prospecto no "lo comprende." No puede ver el panorama completo. No tiene ni idea de lo que hablamos.

¿Qué está mal? Nuestra compañía es grandiosa. Nuestros productos son fantásticos. El plan de compensación puede darle a nuestro prospecto libertad financiera.

¿Qué nos falta?

Olvidamos considerar que nuestro prospecto observa nuestra oportunidad desde un punto de vista completamente diferente. ¿Cuál es ese punto de vista diferente?

¡Su punto de vista!

Observan las cosas desde donde están. Nuestros prospectos no experimentan los mismos entrenamientos motivacionales ni las mismas juntas de oportunidad que nosotros. Ellos piensan en pequeño. Muy pequeño.

Aquí está un ejemplo para demostrar cómo es que vemos y pensamos diferente sobre las cosas.

(Tú eres un lector educado, altamente motivado, súper inteligente. Somos psíquicos. Podemos ver estas cosas.)

Compraste este libro debido a que experimentaste un profundo deseo de mejorar tu negocio de redes. Quieres motivar a otros. Y quieres crecer ya.

Sin embargo, adivina. Hay algunas personas en redes de mercadeo que no han comprado este libro. ¿No es asombroso? Difícil de imaginar, ¿no es así?

En fin, demos un vistazo al por qué otras personas no han comprado este libro.

Por que no separaron un poco de dinero extra en su cuenta de banco.

Estas son las personas que más necesitan el libro, ¿correcto? Piensa en ello de esta manera. ¿Qué tal si alguien trabajó por diez años y no fue capaz de ahorrar unos pocos dólares de su cheque?

¿Consideraríamos lo que hacen como un éxito o un fracaso?

Nuestro pensamiento podría ser, "Si diez años de trabajo duro le reportan a una persona menos que unos pocos dólares, es momento de cambiar el plan."

¿Por qué querría esa persona continuar con el mismo camino? En otros diez años, esta persona tendrá el mismo resultado... ¡nada! Y para empeorar las cosas, esa persona será diez años más vieja.

Si nos duele la mano por que todos los días durante diez años nos pillamos la mano en la puerta, eso es una pista. Si continuamos haciendo lo mismo, cerrando la puerta con la mano adentro por los próximos diez años, nada va a cambiar. Seguiremos con una mano terriblemente dolorida.

Si queremos un resultado diferente, tenemos que cambiar lo que hacemos.

¿Qué hay de las personas que no han sido capaces de ahorrar un poco de dinero en sus cuentas de banco con los esfuerzos de toda su vida? No pensamos que es momento de que cambien lo que están haciendo? No se les ocurre decir:

–Hey, he estado tomando las mismas decisiones durante toda mi vida, y mira donde estoy. Tal vez debería de pedir consejos externos.

Esto es fácil de ver para nosotros que estamos desde afuera. Es más difícil de ver si somos la persona que está fracasando miserablemente. Algunas veces cuando estamos tan hondo en nuestro mundo, no podemos ni ver el final de la manga de nuestra camisa.

Este grupo de personas necesita información nueva, técnicas nuevas, maneras nuevas de hacer sus negocios, y un plan de vida nuevo. El problema es:

No podemos ver eso cuando tenemos poco dinero.

Este es el problema de nuestro prospecto en nuestra junta de oportunidad.

Es por esto que no puede afiliarse. Su actitud y su visión sólo miden como dos centímetros. El pensamiento de "un poco de dinero" está corriendo sus programas internos. Esto es lo que pasa por su mente:

–Sí, esta es una gran oportunidad de negocio para alguien que pueda hacerlo. No hay manera en que yo pueda hacerlo. No puedo siquiera mantener mi cabeza fuera del agua ahora. Mis tarjetas de crédito están sobregiradas. Tengo dos meses de atraso en los pagos del coche. Mi esposa dice que no tengo idea de lo que ocurre. Todo lo que he hecho hasta este momento me tiene en este lugar en mi vida: **quebrado**. Si me uno a esta oportunidad, pagaré un montón de dinero por un paquete de ingreso y entrenamiento. No ganaré nada y luego **perderé** todo ese dinero y después... ¡rayos! Vamos a olvidar todo de una buena vez. Es uno de esos tratos que funcionan para unas pocas personas especiales. Pero yo perderé dinero de nuevo.

Podemos ayudar.

Queremos motivar a nuestro prospecto a dar un paso adelante. Pero para hacer esto, tenemos que bajar la velocidad, tomar a nuestro prospecto de la mano, darle algo de confianza y decir:

–Bien, escucha, no es un gran paso. Yo estaré caminando a tu lado. Podemos crecer y aprender en nuestro camino al éxito. Yo estoy teniendo éxito en esta oportunidad. No pretendo perder dinero. Así que si caminas junto conmigo, podemos hacerlo juntos, ¿está bien?

¿Este enfoque funcionará? ¿Será suficiente motivación para hacer que nuestro prospecto tome ese primer paso tan crucial?

Probablemente no.

Puede funcionar para algunos prospectos. Pero la mayoría de ellos tiene una vida entera de programación que los mantiene exactamente donde están. Quieren estar en otro lugar. Ya saben que tienen que hacer algo diferente para llegar ahí. Sin embargo, requerirá un esfuerzo gigante tomar ese crucial primer paso.

Si queremos sinceramente ayudar a esta persona (y eso es una decisión personal), tendremos que hacer un esfuerzo extraordinario para romper toda esa inercia.

¿Vale la pena el esfuerzo?

Algunas personas dicen:

–Sólo trabaja con los prospectos que están listos para trabajar.

Esto sirve muy bien cuando tratamos con desconocidos. Pero, ¿qué tal si tu prospecto es tu mejor amigo? ¿Tu mamá? ¿El sacerdote de tu iglesia? ¿La persona valiente que te rescató de un edificio en llamas?

Pensaríamos diferente sobre estos prospectos. Definitivamente pondríamos más tiempo y esfuerzo para apoyarlos a lograr el éxito en nuestro negocio. Después de todo, hay mucho más dentro de nuestro negocio que los fríos y duros números en nuestro cheque de bonificaciones, ¿correcto? Existe algo que se llama "ayudar a otras personas."

Entonces, ¿qué podemos hacer para motivar y ayudar a estos individuos con impedimentos de actitud y problemas de confianza? ¿Cómo podemos hacer más fácil para que estas personas tomen el primer paso?

Recuerda, no debemos de ver las cosas desde nuestra perspectiva.

Nosotros ya creemos en las redes de mercadeo.

Debemos tener empatía. Debemos ver este problema con los ojos entrecerrados y escépticos de un prospecto que ha trabajado toda su vida y no puede siquiera mostrar un poco de dinero por todos sus esfuerzos.

Si queremos de verdad llegar a este prospecto, debemos eliminar **todo** el riesgo en su decisión.

El nivel de confianza de nuestro prospecto es tan bajo que tiene miedo de tomar cualquier decisión. ¿Por qué? Por que tiene miedo de tomar una mala decisión.

Su vida está paralizada. Su vida se trata de evitar tomar malas o tontas decisiones que lo avergüencen frente a sus amigos y familia.

Si eliminamos el riesgo, será más fácil para que nuestro prospecto por lo menos pruebe nuestra oportunidad. Si no hay riesgo, no hay posibilidad de tomar una mala decisión.

¿Cómo podemos eliminar el riesgo en el negocio de redes de mercadeo de nuestro prospecto?

Considera la garantía de devolución de dinero de nuestra compañía.

Muchas ocasiones sólo mencionamos que nuestro prospecto puede recuperar su dinero de vuelta en 30 o 60 días. Pero, ¿qué es lo que realmente piensa nuestro prospecto? Esto es lo que pasa por su cabeza:

"Claro, dicen que me regresarán mi dinero, pero sólo si la caja está en buenas condiciones. Apuesto que dicen que ninguna 'caja abierta' está en buenas condiciones. La compañía ignorará mi petición de reembolso. Mi patrocinador no regresará mis llamadas ni recordará la garantía. Apuesto que tendré que firmar las escrituras de mi casa. O tal vez tendré que enviar muestras de sangre. Yo se que hay algunas letras pequeñas en algún lugar que no me han mostrado donde dice que no recuperaré mi dinero. Esto es muy riesgoso.

Aquí hay una manera en la que podemos superar este pensamiento escéptico. Podríamos decir:

–Juan, no hay garantías en la vida, pero hay una garantía si pruebas con nuestra oportunidad. Queremos que pruebes nuestra oportunidad por 60 días sin ningún riesgo para ti.

Aquí está lo que hacemos. Al final de los 60 días, tendrás una buena idea sobre si este negocio es para ti o no. Hey, quizá te ganes la lotería y ya no estés interesado en trabajar en el negocio. Si ganaras un millón de dólares en la lotería del próximo mes, confía en mí, te comprenderemos.

De cualquier forma, al terminar los 60 días, tú y yo nos sentaremos. Si no quieres continuar con tu negocio por cualquier razón, estará bien. Sólo queremos que continúes si sientes que este negocio es para ti. Queremos que tengas compromiso para construir tu propio imperio, ¿está bien?

Así que, si no quieres continuar después de revisar el negocio por 60 días, me entregas tu paquete de inicio –o lo que quede de él. Y yo personalmente te haré un cheque por el monto que invertiste en él, ¿está bien?

Sin resentimientos. No puedes tomar una decisión a largo plazo sobre tu negocio a menos que lo pongas a prueba. No te preocupes por mí tampoco. Yo simplemente enviaré el paquete al corporativo y ellos me reembolsarán el dinero. Es más fácil si lo hago por ti ya que yo estoy en contacto con la oficina cada semana. Y es más fácil para ti. No tendrás que esperar el reembolso.

Y por último, no te sientas mal si esta oportunidad no es para ti. No es para mi mamá, mis dos mejores amigos ni para mi vecino tampoco. Sólo que tienes que revisarla y ponerla a prueba por ti mismo para saber si ésta será la gran respuesta que buscas en tu vida o no. ¿De acuerdo?

¡Vaya!

Esta es la manera de decirle a nuestro escéptico prospecto acerca de nuestra garantía de reembolso. La traemos a la vida. La hacemos creíble. Y tenemos una oportunidad de introducir un gran beneficio –que esta oportunidad puede ser la gran respuesta que nuestro prospecto busca en su vida.

Finalmente, si pensamos que esto es ser demasiado suave con nuestro prospecto, es debido a que estamos viendo la situación desde nuestro punto de vista. Nosotros ya somos distribuidores. Es fácil para nosotros pasar por alto el riesgo de unirse.

Entonces, pongámonos en los zapatos de nuestro prospecto. Eliminemos el riesgo de nuestro prospecto de tomar una mala o tonta decisión. En lugar de eso, haremos que afiliarse a nuestro programa sea fácil.

Motivación desde el interior.

Sí, podemos influenciar la motivación de nuestros prospectos a través de concursos e incentivos.

Sin embargo, la motivación es más fácil cuando viene desde adentro. Cuando nuestro prospecto tiene fuertes valores y deseos, los sacrificios son fáciles.

Algunas veces escuchamos que los prospectos dicen: –Seguro que quiero tener mi propio negocio, pero no puedo costear el paquete de distribuidor de $60.

¿En serio?

Tu prospecto puede estar corto en efectivo pero, ¿qué tan motivado está?

Considera el resumen siguiente de una historia de *Chinatown: A Portrait of a Closed Society* (HarperCollins 1992):

"Muchos inmigrantes comenzaron como comerciantes callejeros por tres o cuatro años hasta que ahorraron lo suficiente (entre $50,000 y $100,000 USD) para comenzar su propio negocio. El libro cuenta cómo Lin que ganaba $360 USD por semana vendiendo vegetales, fruta y sombrillas en las calles.

Su ingreso anual: $22,000 USD. Lo que es asombroso es que Lin ahorra $18,000 USD de su ingreso y vive con los otros $4,000.

Lin ha ahorrado más de $70,000 USD en cuatro años para poder comenzar su propio negocio."

Hmmm. Lin tiene motivación. Está listo para hacer algunos sacrificios en su estilo de vida para lograr sus sueños.

Ahora, de regreso a nuestro prospecto original que no puede conseguir los $60 USD de la inversión para su paquete. ¿Qué piensas? ¿Este prospecto tiene un fuerte deseo ardiente para tener su propio negocio?

Las personas dan demasiado por sentado. Somos muy malcriados. Queremos cosas, pero no estamos dispuestos a pagar el precio. Los inmigrantes también quieren cosas, pero ellos sí están dispuestos a pagar el precio. Están felices de tener la oportunidad de pagar el precio.

¿Qué es lo que la gente promedio quiere?

* Quieren ser el jefe, pero se rehusan a quedarse trabajando hasta tarde.

* Quieren tomar vacaciones exóticas, pero se rehusan a ahorrar algo de sus cheques mensuales.

* Quieren ser dueños de su propio negocio, pero sólo si es gratis.

* Quieren ser líderes de redes de mercadeo con ingresos mensuales de cinco cifras, pero no pueden

liberarse de actividades personales para asistir a juntas de oportunidad.

No es sorpresa que las personas **promedio** tengan problemas al construir un negocio de redes. Tienen que construir el negocio ellos mismos, y eso es un gran inconveniente. Es por eso que los líderes exitosos en redes buscan las personas que no son del promedio. Es más fácil construir un negocio de redes exitoso cuando alguien está trabajando con motivación interna.

¿Cómo cambiamos la motivación interna de nuestro prospecto? ¿Cómo cambiamos la visión de nuestro prospecto respecto a su futuro?

Demos un vistazo a la motivación a través de fijar metas.

Motivación por metas,
el lado negativo.

¿Qué hay sobre las metas? Son muy buenas, ¿no es así?

¿Fijaste metas de año nuevo? ¿Las estás manteniendo? ¡Vaya!

¿Hiciste planes ambiciosos y fracasaste al llevarlos a cabo? ¡Vaya!

Fijar metas es divertido. Sin embargo, tener una meta **no es** motivación. Una meta es sólo un objetivo o dirección para nuestros esfuerzos.

¿Alguna vez has visto a los distribuidores hacer esto?

Primero, pasan una semana formulando sus metas. Luego, compran un manual de planeación de metas para organizar y priorizar sus metas. ¿Visualización? Pasan un mes recortando fotografías y pegándolas en un tablero en su casa.

¿Qué sigue? Estos distribuidores se registran en un seminario para fijar metas. El enfoque del seminario debería de sacar lo mejor de sus metas. Después del seminario, deberían de formular sus metas con esta información nueva. Luego deben de repartir sus metas en metas más pequeñas. Luego, comienzan con las reuniones de apoyo semanales para metas. Cuando el grupo se hace más grande, califican para la tarifa grupal de descuento en el taller de metas avanzadas.

La historia se repite una y otra vez. Están tan ocupados fijando metas, refinándolas, discutiendo sobre ellas, que... bueno, ya tienes la idea.

El punto es, que es difícil motivar al distribuidor diciendo:

–¡Ve y fija tus metas!

El mundo está lleno de personas que tienen metas grandiosas pero sin resultados. Las metas nos dirigen en la dirección correcta.

Sin embargo, las metas no proveen la "patada en el trasero" que necesitamos para salir adelante. Es demasiado fácil sólo fijar metas, no lograrlas, y olvidarnos de ellas.

Deseos de Año Nuevo vs. Actividades de Año Nuevo.

Como ya lo sabes, somos fuertes partidarios de las actividades. Demasiados distribuidores fijan metas y creen que ya hicieron algo. Todo lo que lograron es una "lista de buenos deseos" a la que observan durante la pausa comercial de su show de televisión favorito.

Pero no nos lo tomes mal. Las metas tienen su lugar en nuestro negocio. Nos ayudan a seleccionar sobre cuáles actividades deberíamos de concentrarnos. Y, las metas nos ayudan a ver oportunidades que pueden movernos más cerca de nuestras metas. Demasiadas ocasiones trabajamos duro, lucimos ocupados, pero nunca conseguimos el éxito en redes de mercadeo.

¿Por qué? Por que estamos haciendo las actividades equivocadas. Por ejemplo, aquí hay algunas actividades que pueden quitarnos el tiempo para las actividades de patrocinio:

- Acomodar productos en nuestros estantes.
- Re-dirigir las políticas y procedimientos para comprender las letras pequeñas en la sección 13.
- Colocar hojas nuevas en nuestros organizadores y panfletos de presentación.
- Pulir la pizarra blanca para presentaciones.
- Llamar a otros distribuidores para conversar sobre la última junta de oportunidad.
- Memorizar los ingredientes de cada producto.
- Escribir volantes para insertarlos en los catálogos o paquetes de prospección.
- Tomar cursos para fijar metas.

- Escribir explicaciones detalladas sobre los puntos finos del plan de compensación.
- Planear la siguiente sesión de entrenamiento a la que asistirán los mismos distribuidores de siempre.
- Conversar ridiculeces con prospectos desmotivados en Internet.

Estas actividades son **lindas**, pero no nos ayudan a llegar a nuestra **meta** de construir una grande y exitosa organización en redes de mercadeo. Concluir actividades es genial. ¡Pero hay que asegurarnos de trabajar sobre las actividades **correctas**!

"Fijar metas es fácil.
Lograr metas es difícil."

Escuchamos lo mismo de los gurús, los expertos auto-proclamados, los entrenadores y los habladores en el bar:

"Tienes que tener metas. Es la clave de la motivación."

Claro. Seguro.

Si fijar metas fuese la clave de nuestra motivación, entonces todos estaríamos súper motivados, ¿correcto?

Bien, **no lo estamos.**

Verás, es fácil fijar metas. Cada año fijamos metas en Año Nuevo, para ganar más dinero, hacer ejercicio, perder peso, ser más afectuosos, ganar el torneo local de tenis, levantarnos una hora más temprano, patrocinar más personas, pasar más tiempo con los niños...

¡Oye, espera! Esto solamente es una lista de nuestras metas sin lograr.

Y esa es la historia de nuestras vidas. Todos fijamos metas. Esa es la parte fácil. Fijar metas no es ningún problema.

El **problema** es que raramente **logramos** estas metas.

¿Te suena familiar? ¿Suena a tu organización? ¿Suena como tus prospectos?

Apuesto que sí. Por que fracasar al alcanzar nuestras metas cuidadosamente trazadas es humano. Tenemos buenas intenciones, pero consistentemente fracasamos al lograr nuestras metas.

¿Por qué ocurre esto?

¿Por qué nos limitamos a hacer una lista de nuestras deficiencias y luego fijar metas para repararlas? Desafortunadamente, hay una razón por la que tenemos deficiencias en nuestras vidas.

¡Tenemos deficiencias por que son cosas difíciles de hacer!

Te daré un ejemplo.

Estoy gordo por que amo comer pizza más de lo que me gusta hacer ejercicio. Para mí la decisión es simple.

Opción #1: Placenteramente llenar mi plato con una torre de múltiples variedades deliciosas de pizza, y disfrutar una suculenta experiencia o...

Opción #2: Cambiarme de ropa, conducir al gimnasio local, sudar, esforzarme, y trabajar hasta quedar exhausto y dolorido.

La decisión es clara. La pizza gana. Y las rosquillas llegan muy cerca en un segundo lugar.

¿Entonces qué hacemos?

No queremos perder nuestro tiempo hablando sobre fijar metas. Esa es la parte fácil. Todos tenemos bastante experiencia **trazando** metas. Fijar metas es más como hacer una "lista de deseos" que siempre quisimos lograr, pero nunca hicimos.

En lugar de eso, concentrémonos en **lograr** nuestras metas.

¿No sería genial lograr nuestras metas consistentemente? ¿O apoyar a nuestra organización a lograr sus metas consistentemente?

Claro que sí, pero la solución a este problema tiene que ser **simple**. Bastante simple.

Por que si tenemos que seguir fórmulas complejas con muchos pasos, entonces tendríamos mucho tiempo para fracasar. Necesitamos una solución que sea rápida, fácil de implementar, y que funcione.

Entonces lo que necesitamos es la "Fórmula 'Big Al' De Tres Pasos Para Lograr Metas."

La Fórmula "Big Al" De Tres Pasos Para Lograr Metas.

Tres pasos. Luce bastante simple. Vamos a trabajar. Necesitamos romper el ciclo de fijar metas y no conseguirlas.

Paso #1: Seleccionar una meta.

Seleccionar la meta adecuada hace una gran diferencia. Queremos una meta que sea:

A. Simple de comprender y fácil de conseguir. Necesitamos construir un poco de músculo "logra-metas," así que comencemos con algo pequeño. Fijemos una meta que sea fácil, realmente fácil. Si logramos esa meta fácil, tendremos confianza en que podemos hacerlo de nuevo, tal vez con una meta un poco más difícil.

B. Dentro de nuestro control. Si nuestra meta era patrocinar cinco personas este mes –no estaría dentro de nuestro control. No podemos controlar a otras personas ni lo que sucede en sus vidas. Sin embargo, podemos controlar la meta de <u>hablar</u> con diez personas esta semana. Vamos a elegir una meta que esté totalmente dentro de nuestro control y no dependa de otros.

Está bien, comencemos con una meta de muestra. Aquí hay algunos ejemplos fáciles que podemos seleccionar:

* Comenzar una conversación con un desconocido por día durante una semana.

* Levantarnos cada mañana 15 minutos más temprano.

* Caminar un kilómetro todos los días durante una semana.

* No mirar las deprimentes noticias por dos días.

* Leer un capítulo de un libro de desarrollo personal antes del trabajo todos los días de esta semana. ¿Los capítulos son muy largos? Está bien, comencemos con dos páginas por día.

* Comer una rosquilla en el desayuno, en lugar de dos.

* Crear una nueva amistad esta semana.

* Entregar una muestra de producto todos los días durante un mes.

* Hacer de comer algo saludable.

* Enviar un correo electrónico por día a un amigo, sólo para saludar y renovar la relación.

Define una meta personal ahora mismo, mientras estamos atravesando el proceso.

Allá en 1999, seleccioné la meta de perder 13kg (29 lbs) en 90 días. Usaré esa meta como ejemplo para ilustrar estos tres pasos.

Muy bien, ya tenemos nuestra meta. ¿Cuál es el siguiente paso?

Paso #2. Selecciona un castigo.

Vamos a motivarnos –emocionalmente. La motivación por recompensas es buena, pero, ¿pagar un castigo? ¡Eso es emocional!

Encontrar la motivación adecuada es una clave para lograr metas. Sin motivación, simplemente perderemos tiempo dibujando gráficas, recortando imágenes de cosas que nunca tendremos, leyendo más libros sobre metas, rompiendo más promesas... bueno, ya sabes de qué hablo.

Las teorías lindas y elegantes y las fórmulas de 17 pasos se leen muy bien en los libros, pero no funcionan cuando tienes retos que ponen a prueba tu motivación.

Sí, podemos marcar un límite de tiempo para lograr esta meta, hacerla específica, divisar las pequeñas sub-metas, y hacer todas las cosas que ayuden. Sin embargo, tenemos que observar primero el panorama completo. Hicimos estas cosas antes, y no conseguimos nuestras metas.

Fijar una meta no es gran cosa. Cualquiera puede hacerlo. Lo que necesitamos ahora es encontrar maneras de motivarnos para **alcanzar** esa meta. Todo mundo tiene un método preferido para motivarse. Estoy seguro de que no hay un sólo método correcto para todos.

Aquí hay algunas técnicas de motivación comunes que utilizamos para fijar nuestras metas, pero que tienen efectos limitados.

* Motivación por actitud. Sí, podría escuchar audios motivacionales y leer libros. Tal vez podría agregar audios subliminales también. De hecho, he probado todas estas cosas anteriormente, y en efecto, me hicieron sentir mucho mejor sobre no alcanzar mis metas. :)

* Cambiar mi auto-imagen. Podría recitar afirmaciones, meditar, visualizar y demás. Esto es muy poderoso, sin embargo es más fácil decirlo que hacerlo. Usualmente esto requiere de mucho tiempo y esfuerzo. Esto sería demasiado complicado para la mayoría de nosotros por que estamos condicionados a querer los resultados de inmediato. A menudo no tenemos tiempo de cambiar nuestra auto-imagen gradualmente. La meta que elegimos puede tener un periodo de tiempo corto.

* Fingir entusiasmo. Tu sabes de qué hablo. Saltar de una silla, vitorear, sonreír ridículamente y actuar hiperactivo. Usualmente, hacemos esto para impresionar a otros, pero no hay ningún cambio en nosotros como persona.

* Colocar en el espejo del baño una foto mía rechazando una rosquilla. Seguro, tengo una imagen que muestra cómo trabajo para conseguir mi meta, pero esto no me da la determinación emocional para lograr mi meta realmente.

Todas estas técnicas son buenas, pero no tienen el poder suficiente para garantizar que trabajemos duro para conseguir nuestra meta. Sabemos que la lógica es buena, pero como seres humanos, la emoción es lo que nos mueve. Si vamos a cambiar, si vamos a motivarnos, necesitamos razones **emocionales**.

La lista de técnicas motivacionales que hemos discutido hasta ahora no nos da un impulso emocional profundo, apasionado. Es por eso que estas técnicas no funcionan.

Necesitamos una fuerte razón emocional para lograr nuestra meta. Entonces nuestra meta será fácil de conseguir.

Y la técnica que usaremos para lograr nuestra meta es...

¡Chantaje!

Sí, así es. Chantaje.

Si leíste mi libro *La Magia de Patrocinar*, sabes que el **miedo a la pérdida** es siempre más **poderoso** que el **deseo de ganar.**

Por ejemplo, estamos extremadamente motivados para evitar pagar una costosa multa por exceso de velocidad. Tal vez tendríamos que perder medio día de trabajo, contratar un abogado, conducir al departamento de tránsito, y pelear contra el sistema judicial para evitar pagar la multa.

Aún así, no podemos pasar una hora extra al teléfono haciendo llamadas con nuestros prospectos, a pesar de que esa sola hora extra podría hacernos ganar cientos de dólares extras.

El miedo a perder siempre es más grande al deseo de ganar.

Entonces, si voy a lograr una motivación máxima, si voy a lograr superar mi extrema aversión al ejercicio, y si voy a reducir mi consumo de chocolates en tres o cuatro kilos por semana, entonces tendré que usar esta herramienta de miedo a la pérdida.

Aquí está cómo funciona.

Tengo que seleccionar el **castigo** si no logro mi meta. Y este **castigo** debe de crear un dolor emocional extremo en mi vida.

Vamos a seleccionar un castigo que sea tan doloroso que nos aseguremos de lograr nuestra meta.

Aquí hay algunas ideas.

Si no logro mi meta de perder 13kg:

* Tendré que ir a socializar a la fiesta de Año Nuevo de mi detestable primo. (Odio socializar. Odio a mi detestable primo. Pero puedo sufrir por un par de horas.)

* Tendré que pintar la casa solo. (Este es un gran trabajo. Lo odiaría. Pero no es tan doloroso como para renunciar a los chocolates.)

* Tendré que ir de compras con mi esposa por siete días consecutivos. (Ohhh. Esto sí que duele. Sin embargo, creo que podría leer un libro mientras la espero a que compre sus zapatos.)

* Tendré que comer berenjena y brócoli a diario. (¡Asco! Eso es horrible. Pero tal vez si me tapo la nariz y lo trago rápido podría superar esta tortura.)

¿Qué está ocurriendo aquí?

Ninguno de estos castigos son tan fuertes o severos como para motivarme a perder peso ahora.

Necesito un castigo más grande.

Si el castigo no es lo suficientemente grande, esta técnica no funcionará. Tiene que ser un castigo muy, muy grande.

¿Cuál podrá ser el castigo más malvado, detestable y perverso que podría pensar? ¿Qué castigo podría ser tan terrible que me hiciera comenzar a perder peso de inmediato? ¿Algo tan terrible que me hiciera perder peso incluso estando de viaje en un crucero?

¿Qué castigo sería tan malo?

Elegí este:

¡Tendría que donar $1,000 USD al Fondo de Defensa Legal de Bill Clinton!

¡Oooooooh! Eso sí es malo.

¡Eso es tan malo que instantáneamente perdí el apetito!

No puedo pensar en algo peor que donar $1,000 dólares, después de impuestos, al abogado de un político. No me importan mucho los abogados tampoco.

El hecho de donar $1,000 al Fondo de Defensa Legal de Bill Clinton sería la muerte para mí. Esto realmente es chantaje del tipo más sucio.

¡Y funcionó!

Perdí esos 13kg en 1999 justo a tiempo para evitar mi castigo. Nada quitó mis ojos de la meta.

Cuando mis amigos Demócratas me ofrecían chocolates, mis sentimientos emocionales hacia el castigo me hacían decir:

–No, gracias. No tengo apetito ahora. De hecho, siento el estómago revuelto.

Si estaba sentado cerca de la máquina de helados 24 horas del barco, pensaba:

"¡Claro que no! ¿Regalar a un abogado $1,000 dólares duramente ganados? ¡Claro que no! ¡Claro que no! ¡Claro que no!"

¿Qué hay de ti?

¿Estás pensando en un posible castigo por no conseguir la meta que elegiste? Espero que sí.

Los castigos funcionan.

Y si ya seleccionaste tu meta y tu castigo, deberías estar sintiendo bastante motivación emocional para este momento.

¿Pero qué hay sobre el Paso #3?

El paso final es anunciar tu meta y tu castigo… **¡públicamente!**

Así es. Podríamos fácilmente mantener nuestra meta en secreto, en caso de que pensemos que fuese demasiado difícil. Así nadie se enteraría que renunciamos en lograr nuestra meta.

Sin embargo, queremos el apoyo emocional de nuestros amigos para motivarnos a lograr nuestras metas.

Además, queremos el no-apoyo emocional de nuestros así llamados amigos quienes nos tentarán y nos retarán para alcanzar nuestras metas.

¿Puedes ver a mis medio-amigos diciéndome esto como apoyo para alcanzar mi meta de perder peso?:

–¡Hey gordito! Come un poco más de helado. ¡El abogado de Bill necesita una nueva piscina!

O tal vez recibía esa llamada a media noche con una voz misteriosa que susurraba: –Pizzaaa… pizzaaa…

Medio-amigos crueles. Pero, esto nos motiva a lograr nuestra meta. No queremos que tengan la razón.

¡Anuncia tu meta y tu castigo al mundo!

Entre más anuncies tu meta y tu castigo, más compromiso tendrás. Para evitar el ridículo personal y el terriblemente doloroso castigo, no permitirás que nada se interponga en tu camino.

¿Esto funcionará?

Solamente si lo aplicamos.

Entonces, aquí tienes los tres pasos:

#1. Fija una meta.

#2. Fija un castigo.

#3. Deja que todos se enteren de la meta y el castigo.

Ahora estamos de camino a lograr nuestra meta. Recuerda, cualquiera puede fijar metas. Esa parte es fácil.

Sepárate del montón, logrando tus metas.

"Vamos a imaginar" fijando metas.

Es difícil para nuestros nuevos distribuidores sentirse motivados sin tener metas. Las metas no motivan, pero nos dan una dirección. Las metas dirigen a los distribuidores hacia donde quieren ir y hacia lo que quieren conseguir.

Este no es un libro para fijar metas, pero si nuestros distribuidores no tienen metas, ¿cómo podemos motivarlos? Eso sería como decirle a nuestro nuevo distribuidor: –Date prisa. ¡Avanza! Pero no estoy seguro en qué dirección debes ir...

Primero vamos a conseguir una dirección.

Entonces, le pedimos a nuestros nuevos distribuidores: –Por favor, escribe tus metas.

Los distribuidores observan la hoja de papel. Nada está escrito. ¿Por qué?

¿Por qué los distribuidores evitan fijar metas?

Tal vez nuestro distribuidor está pensando, "¿Qué tal si fallo? ¿Estoy pensando muy en grande? ¿Se burlarán de mis metas?"

Mi amigo Lloyd Daley nos ofrece una solución. Él simplemente utiliza estas palabras:

"Vamos a fingir."

Le pide al nuevo distribuidor que suspenda la realidad y simplemente finja que todo es posible. Por ejemplo, el nuevo distribuidor podría escribir "Vamos a fingir" como encabezado en la hoja de papel. Después, los distribuidores hacen una lista de las cosas maravillosas que podrían ocurrir si estuviesen fingiendo. Quizá la lista se podría ver así:

Vamos a fingir:

- Que mi hipoteca está pagada y puedo gastar ese dinero en ropa y golf. Podría ir de compras el fin de semana cuando todo está en oferta. Y podría jugar golf de lunes a viernes cuando el campo está vacío.
- Que conduzco una mini-van de lujo donde cabe todo el equipo de tenis de mi hija. Viajamos con otros padres por todo el país a diferentes torneos de tenis durante las vacaciones de verano.
- Que le vendo mi despertador a mi vecino. Todas las mañanas me levanto a la misma hora por costumbre. Preparo mi café, y me siento en el porche para despedir a mi vecino cuando sale a trabajar.

- Que mi familia toma esas vacaciones de ensueño en Disney. Creamos recuerdos geniales durante una semana libre de estrés mientras nos hospedamos en el hotel de Disney.
- Que mi cheque mensual cubre mis gastos mensuales. Ahora puedo componer música todas las mañanas mientras admiro mi jardín a través de la ventana.
- Que una vez al mes, la familia toma unas vacaciones de cuatro días, acampando en un parque nacional diferente. Nuestro nuevo "camper" estará equipado con todo lo que necesitamos, excepto la fogata.
- Que me voy de vacaciones a París. Mientras visito uno de los grandes museos, me tomo el tiempo de enviarle una postal a mi negativo compañero de oficina. Le escribo, "Deberías de estar aquí ahora. ¿Tal vez el próximo año? Vamos por un café cuando regrese."

Esta sencilla mentalidad de "Vamos a fingir" hará que tu nuevo distribuidor escriba metas rápidamente. Ahora podemos dirigir a nuestro distribuidor en la dirección correcta.

Es más práctico motivar a nuestro nuevo distribuidor si está viendo la dirección correcta.

¿Es la única manera de apoyar a nuestros distribuidores a escribir metas?

Por supuesto que no. El siguiente método es más complejo, pero muy, muy efectivo.

25 cosas.

Muchos años atrás, Art Jonak me enseño esta técnica.

Nos sentamos con nuestro nuevo distribuidor y decimos: –Por favor escribe algunas metas para tu nuevo negocio.– ¿Y qué ocurre después?

El distribuidor observa la hoja de papel. Nada sucede. El distribuidor está temeroso de escribir cualquier meta. ¿Por qué?

La mente subconsciente del distribuidor está trabajando en su contra. Su mente subconsciente le dice: "Nunca hes tenido éxito en nada anteriormente. Tengo más de 1,000 ejemplos donde fracasaste cuando querías conseguir algo en tu vida. No escribas nada. Sólo te decepcionarás una vez más. Estarás preparándote para el fracaso. Ahórrate la vergüenza. Deja esa hoja en blanco."

No hay cantidad suficiente de lógica que pueda cambiar esta situación. La mente subconsciente trabaja en nuestra contra.

¿Pero qué tal si pudiésemos hacer que la mente subconsciente trabaje **para** nosotros en lugar de en contra? Ahora, eso sería poderoso.

Engañaremos a la mente subconsciente con la afirmación siguiente:

"25 cosas que haré DESPUÉS de convertirme en Consultor Diamante."

Imagina que "Consultor Diamante" es una buena posición de liderazgo en tu compañía. Tal vez un Consultor Diamante gane $5,000-$10,000 USD al mes. Ahora, eso es bastante dinero extra además del sueldo mensual. Podríamos hacer muchas cosas divertidas con tanto dinero adicional cada mes.

Aquí está lo que sucede cuando el nuevo distribuidor dice: -25 cosas que haré después de convertirme en Consultor Diamante." La mente subconsciente toma el volante. La mente subconsciente dice: "Pero por supuesto que puedo hacer todas estas cosas maravillosas si **ya estoy recibiendo** todo ese dinero extra cada mes."

Ahora la mente subconsciente elimina las limitaciones. No le estamos preguntando a la mente subconsciente si estas cosas maravillosas sucederán o no. Solamente le estamos pidiendo a la mente subconsciente que haga una lista de lo que podría ocurrir su tuviésemos todo ese dinero extra.

Aquí es donde la magia sucede.

El nuevo distribuidor comienza a hacer una lista de todas las metas maravillosas y los deseos más profundos de su mente. Aquí está un ejemplo de lo que la lista de alguien podría incluir.

"25 cosas que haré DESPUÉS de convertirme en Consultor Diamante."

1. Comprar un coche nuevo para mi esposa.

2. Tomar clases de francés.

3. Viajar para ver a mis nietos cada mes.

4. Sacar a mi esposa de trabajar.

5. Remodelar el jardín.

6. Contratar una mucama para limpiar la casa.

7. Tomar clases de paracaidismo.

8. Contratar un cocinero los viernes y fines de semana.

9. Tomar un crucero alrededor del mundo.

10. Hacer una misión de caridad por tres meses.

11. Enviar a mis dos hijas a la escuela privada.

12. Viajar para seguir todos los partidos foráneos de mi equipo.

13. Comprar una granja y vivir cerca de la naturaleza.

14. Darle clases en casa a los niños y llevarlos de viaje en lugar de clases de geografía.

15. Remodelar la casa y comprar muebles nuevos.

16. Regresar a la universidad y terminar mi carrera en Humanidades.

17. Tomar un fin de semana de cuatro días con la familia cada mes.

18. Tomar clases de piloto de Fórmula 1.

19. Comprar la casa donde nací.

20. Visitar los 20 centros comerciales más grandes del país.

21. Tomar unas vacaciones de dos semanas con todos mis primos.

22. Abrir mi propio estudio de Pilates con cafetería.

23. Ir a los rápidos de Alaska.

24. Viajar a la Semana de la Moda en Milán.

25. Invertir en acciones y en la bolsa como mi cuñado.

Usualmente toma 15 o 20 minutos terminar esto. Una vez terminado, saca algunas copias. El nuevo distribuidor puede llevar la lista y pegarla en el espejo del baño, o tal vez en la puerta del refrigerador.

Cuando un vecino escéptico vaya de visita, el vecino puede ver la lista de metas del distribuidor en el refrigerador. Después de ver las metas, el vecino comprende por qué el nuevo distribuidor está tan apasionado sobre promover su nuevo negocio.

Tú también quieres una copia. Cuando nuestro nuevo distribuidor se desanime, todo lo que tienes que hacer es recordarle una o dos metas en su lista. Puedes decir: –Yo se que no quieres asistir al entrenamiento del sábado, ¿pero quieres enviar a tus hijas a una escuela privada, verdad?– Ahora es más fácil que el nuevo distribuidor reúna el coraje para superar los obstáculos durante el camino.

¿El resultado? Al jugar con la mente subconsciente, podemos ayudar a nuestros nuevos distribuidores a fijar metas importantes de inmediato.

**Pero tenemos que hacer
nuestra propia lista primero.**

Cuando escuché primero esta técnica, me emocioné por que quería que mis distribuidores lo hicieran. Me podía imaginar diciéndoles: –Por favor haz una lista de tus 25 cosas ahora mismo.– Entonces, ellos podrían preguntarme: –¿Puedo ver tu lista por un momento? Me daría algunas ideas para comenzar.

Ahora, sería vergonzoso si yo les dijera: –Oh, yo no he hecho mi lista todavía. Sólo quiero que tú hagas la tuya.

Para que esta técnica funcione, significa que tendría que hacer mi lista primero. Eso es exactamente lo que hice. Después de llenar mi lista de 25 cosas, la publiqué en Internet. Dos días después, 26 miembros de mi equipo habían publicado la suya también. Cuatro días después, 56 personas habían publicado su lista en Internet. La inercia se estaba acumulando.

Se hizo algo divertido entre los distribuidores decir: –Déjame ver tu lista.– para ser parte del grupo "popular," todo mundo quería tener su propia lista.

¿Nuestro consejo? Llena tu lista personal primero. Luego será más fácil que tu organización duplique tu ejemplo.

"Si no sirve –¡Renuncio!"

Los nuevos distribuidores tienen compromisos y convicciones débiles. Se rinden cuando alguien les dice "no."

¿Alguna vez has escuchado esta conversación? Tu nuevo distribuidor se queja:

–Hablé con mis tres amigos del trabajo. No quieren entrar, y no quieren probar el producto. El negocio no sirve. 100% de las personas con las que he hablado me han rechazado. No creo que este negocio sea para mí.

Es fácil renunciar cuando nuestros compromisos son pequeños.

Pero imagina esto. ¿Qué tal si tu nuevo distribuidor invirtiera $300,000 USD para abrir un restaurante en su vecindario? ¿Crees que se quejaría?

"Mis tres amigos del trabajo no vinieron a cenar a mi restaurante cuando los invité. Quiero renunciar. Esto es mucho trabajo y odio cuando las personas que deberían de comer en mi restaurante… ¡no comen ahí!

Por supuesto que no diríamos eso. Con una inversión de $300,000 USD estoy seguro que tu nuevo distribuidor soportaría si sus amigos no asisten, si tuviese empleados desmotivados, impuestos altos, contabilidad, seguros, mal clima y un montón de otros problemas.

¿Por qué?

Por que invertir $300,000 USD es un compromiso mucho más grande. Cuando tenemos compromiso, podemos manejar los problemas y los rechazos. No renunciaríamos al primer pequeño contratiempo.

Ahora, nuestro nuevo distribuidor no ha invertido $300,000 en nuestro negocio. Sin embargo, podemos hacer que el negocio luzca enorme en su mente.

¿Cómo? Al reforzar qué tan grande puede ser este negocio para él. Por ejemplo, podríamos decir:

–Cuando puedas hacer bien este negocio, podrías ganar lo suficiente para renunciar a tu trabajo, pasar tiempo con tu familia, y ganar más que tu jefe. Ahora, aprender y construir este negocio no sucede en un día. Depende de tus habilidades y compromiso, podría tomar unos pocos años.

Déjame darte las buenas y las malas noticias.

Primero, las malas. Al principio, experimentarás muchas frustraciones y te sentirás sobrepasado. Hay demasiadas cosas que desconocemos cuando comenzamos. Y tomará tiempo para que las personas se sientan cómodas contigo en tu nuevo negocio. No se unirán ni comprarán de inmediato. Querrán esperar y ver si tienes el compromiso a largo plazo. Pueden pasar meses antes de que tus amigos y parientes se unan o te compren.

Ahora las buenas noticias. No tienes $300,000 USD en riesgo. Sólo pusiste unos pocos cientos de dólares en tu negocio. Si tienes paciencia y aprendes habilidades nuevas, con el tiempo, las personas confiarán en que tienes un fuerte compromiso con tu negocio. Luego se volverá más y más fácil cada mes.

Sólo piensa en cuánto tiempo toma llegar a ser un basquetbolista profesional. Puedes pasar 10 o 15 años aprendiendo y practicando tus habilidades antes de ganar tu primer cheque. Pero en redes de mercadeo, puedes aprender a construir tu negocio en seis meses. No tienes que esperar por años para recibir un pago por tus esfuerzos.

"¡Pero necesito ganar dinero de inmediato!"

Asegúrate de ser claro en esto. Les ofrecemos enseñarles a hacer nuestro negocio en seis meses. No estamos garantizando que estarán ganando grandes sumas en seis meses.

Aún falta trabajar en el negocio.

"¿Pero fracasaré?"

Vamos a aliviar el miedo de nuestro nuevo distribuidor al contar esta pequeña historia.

"Imagina que estás en una cita. La cena estuvo mala, la película fue aburrida, y no te llevaste bien con tu cita. ¿Renunciarías por el resto de tu vida a tener citas? Claro que no. Continuarías saliendo con personas. Las recompensas de una gran relación superan el fracaso temporal."

Nuestros prospectos y distribuidores se preocupan por los fracasos temporales. Nuestra pequeña historia sobre las citas les apoya a comprender que si sus esfuerzos iniciales fallan, estos fracasos serán sólo temporales. Si continúan trabajando, pueden lograr el éxito.

Las historias ayudan a que nuestros nuevos distribuidores tengan expectativas realistas. Sin historias, muchos distribuidores renunciarían al primer síntoma de rechazo.

Queremos que nuestros distribuidores permanezcan en nuestro negocio lo suficiente para aprender habilidades efectivas.

¿Por qué historias?

Las historias llegan profundo en las mentes de nuestros prospectos y distribuidores. Nos comunicamos mejor con historias. Las personas que escuchan una historia crean una película de esa historia dentro de su cabeza.

Podemos recordar historias de nuestra juventud, pero no podemos recordar la fecha de un suceso 15 minutos después de presentar un examen de Historia. Algunas historias son tan poderosas que se comen nuestro cerebro por dentro hasta que hagamos algo con esa historia.

Las historias mueven nuestras emociones. Por eso lloramos en el cine, o nos encantan los chismes.

Piensa en las convenciones de tu compañía. Muchos líderes desfilan en el escenario contando su historia personal del fracaso al éxito. Nos identificamos con estas personas, y por dentro, cambiamos un poco con cada historia emocional.

Libros motivacionales, audios inspiradores y eventos en vivo le ayudan a nuestros distribuidores a cambiar su motivación interna. (Esa es sólo una de muchas razones por las que los eventos, rallies, conferencias y convenciones funcionan tan bien.)

Sí, habrá problemas.

El éxito en los negocios no llega gracias a la falta de problemas. Todos los negocios tienen problemas.

Una vez que nuestro nuevo distribuidor comprende y espera problemas, dichos problemas no serán una barrera. Nuestro trabajo es darle a nuestro nuevo distribuidor expectativas realistas para que cuando estos problemas ocurran, luzcan como algo normal.

Deja que tu nuevo distribuidor sepa que las personas son escépticas y dudan al tomar decisiones. Es normal que las personas cambien su opinión o teman un cambio en sus vidas. Así que al principio, espera problemas como:

* Llamadas telefónicas sin respuesta.

* Cancelaciones a último minuto.

* Personas que quieren "pensarlo y esperar."

* Mejores amigos que no nos apoyan.

* Pedidos cancelados.

Ninguno de estos eventos son suficientes para afectar a un nuevo distribuidor con un fuerte compromiso.

Ese es nuestro trabajo como líderes. Apoyar y motivar a nuestro distribuidor para que tenga un compromiso más grande que los problemas que encontrará durante el camino.

Cuando tienes un sueño.

"Cuando tienes un sueño, nada se interpone en tu camino. Y cuando no tienes un sueño, todo se interpone en tu camino."

–Tom Paredes

Como líderes en redes de mercadeo, pasamos horas, días, incluso semanas tratando de resolver problemas y eliminar los retos para nuestros distribuidores.

Sin importar cuánto limpiemos la ruta hacia el éxito, un distribuidor con una mentalidad negativa seguirá encontrando más obstáculos.

Perderemos tiempo. No podemos ganar contra eso. Nos mordemos los labios, nos mantenemos al borde y observamos cómo nuestro nuevo distribuidor fracasa.

¿Por qué muchas súper estrellas fracasan?

Por que sus sueños son más pequeños que los obstáculos que encuentran.

Esto también explica las historias "de la pobreza a la riqueza." Estas personas no permitieron que ningún obstáculo se interpusiera en su camino. Sus sueños eran mucho más grandes que los obstáculos que encontraron.

¿La lección?

Nuestros futuros líderes necesitan un **sueño**. Si no tienen un sueño, perderemos nuestro tiempo ayudándoles a superar los obstáculos diarios en su negocio. Siempre necesitarán nuestra asistencia.

En lugar de solucionar obstáculos, deberíamos ayudarle a nuestros futuros líderes a crear un sueño.

Cómo un sueño puede motivar a los distribuidores.

Mi buen amigo, Tom Paredes, cuenta la historia de una mujer en República Dominicana, una pequeña isla en el Caribe. Esta mujer tenía un sueño. Ella soñaba con vivir en una casa más grande, enviar a sus hijas a una escuela privada, comprar un auto, y construir una mejor vida para su familia.

Se unió a una compañía de redes que vendía filtros de agua. Los filtros constaban unos $120 USD. Eso era el ingreso promedio de una familia durante un mes completo.

¿Puedes ver el problema?

Un filtro de agua era un mes de salario entero para una familia. ¿Cómo podía alguien costear un filtro de agua? Con sólo $120 USD al mes para alimentos, vivienda, ropa, no había más dinero para comprar un filtro de agua. Y sin cuentas de banco ni tarjetas de crédito, no era el lugar ideal para estar vendiendo filtros de agua.

Sin embargo, esta mujer tenía un sueño.

Su sueño la motivó a encontrar una solución. Ella estaba embarazada, no tenía coche, y aún así fue capaz de convertirse en la vendedora #1 de filtros en todo Norte América.

¿Entonces cómo lo hizo?

Todos los días ella visitaba un vecindario pobre. Eso no era difícil, puesto que la mayoría de los vecindarios cercanos eran pobres.

Ella reunía 12 familias. Cada familia pagaba $10 USD para poder comprar un filtro de agua para su vecindario. Durante el mes, estas 12 familias compartían el filtro. Una familia instalaba el filtro en su casa. Las otras 11 familias iban a diario por agua limpia para su familia.

El mes siguiente, las mismas familias pagaban $10 USD más para comprar otro filtro de agua para su vecindario. Ahora tenían un segundo filtro que todos podían compartir.

Estas familias continuaban pagando $10 USD cada mes hasta que cada familia tenía su propio filtro en casa.

¿Cuántos vecindarios podía visitar? Muchos. Así fue como se convirtió en la vendedora de filtros número uno en Norte América.

Cuando las personas tienen un sueño, nada se interpone en su camino.

Usa este sueño para motivar a que tus distribuidores logren su máximo potencial.

Por qué las técnicas de desarrollo personal son limitadas.

Hay más en la motivación que una actitud positiva. En las situaciones cotidianas, necesitamos ser más proactivos al motivar a nuestros distribuidores.

Continúa leyendo.

Motivación en libros y audios.

Me encantan los libros y audios.

Veamos cómo la motivación en libros y audios funciona con nuestros distribuidores desmotivados.

Imagina que nuestro distribuidor de primer nivel se siente deprimido y quiere renunciar al negocio. Es tiempo de que busquemos en nuestra maleta de trucos motivacionales y saquemos... ¿un libro?

¿Qué le vamos a decir a nuestro distribuidor desmotivado?

"Toma, lee este libro. Necesitas algo de mejora personal."

No creo que una marea de motivación llegue instantáneamente a nuestro distribuidor deprimido. De hecho, él estaría pensando:

"¡Hey! ¡Tú lee ese libro! Es tu negocio. Yo renuncio. No puedo hacer esto más. No funciona. De hecho, puedes enrollar este libro y..."

Bueno, tienes la idea.

Si leer un libro fuese el secreto de la motivación, los graduados de los cursos de lectura rápida serían líderes instantáneos. Y no lo son.

Dar un libro o un audio es un buen gesto, pero **no es** la solución definitiva para motivar a nuestro equipo.

Tal vez el libro o el audio puede ayudar con la actitud de nuestro distribuidor deprimido.

Sin embargo, la actitud significa **cómo** vemos las cosas. La actitud no es acción.

Motivar con el ejemplo.

Todavía queremos motivar a nuestro distribuidor, ¿correcto? Demos un vistazo al siguiente escenario.

Tenemos un nuevo distribuidor llamado Tony. Ahora, sabemos que Tony trabajó duro todo el mes. Todos los días Tony hizo presentaciones, nuevos contactos, pidió referidos. Sin embargo, Tony terminó

sin distribuidores y **sin** clientes. A pesar de su duro trabajo, fracasó al producir resultados.

Somos el patrocinador de Tony. Sabemos que es nuestro trabajo liderar y motivar. Así que decidimos motivar a Tony con el **ejemplo**.

La mañana siguiente llamamos a Tony y decimos:

–¡Hey Tony! Adivina... Trabajé duro todo el mes. Hice presentaciones, ventas, contacté personas nuevas y pedí referidos. Tengo un cheque de $10,000 USD... y tú no. Me siento muy bien con este negocio. Estoy muy positivo. Gané $10,000 USD y... bueno, pues... tú no. Así que sigue mi **ejemplo**. Sé positivo, patrocina muchas personas, haz muchas ventas, y sé exitoso como yo. Sal, ve por ellos, ¡Ra-ra-ra!

¿Puedes imaginar lo que está sintiendo Tony? Enojo y celos. Tiene fantasías de asesinarte. Murmura para sí mismo:

–Seguro, si yo tuviese un cheque de $10,000 USD yo también me sentiría motivado. Dame el cheque **primero**.

Sí, damos un excelente ejemplo personal. Dimos presentaciones, hicimos ventas, contactamos personas nuevas, y pedimos referidos. Fuimos positivos. Estuvimos motivados.

Sin embargo, nuestro impecable ejemplo personal no hace nada para mejorar la falta de motivación de

Tony. De hecho, puede que hayamos desmotivado a Tony un poco más.

Motivación por entusiasmo.

Cambiemos nuestro acercamiento y usemos algo de entusiasmo. Haremos la prueba con el mismo escenario. Tony hace presentaciones, nuevos contactos y pide referidos. De nuevo, Tony termina **sin** distribuidores y **sin** clientes.

¿Cuál es nuestra nueva estrategia?

Entusiasmo **masivo**.

Llamamos a Tony y decimos:

–¡Hey Tony! Adivina... ¡Tengo un cheque de $10,000 USD y tú no! Así es. ¡Es genial tener un enorme cheque como este! Oooh déjame decirte, es fenomenal, estoy tan emocionado. ¡Sí, sí, sí! ¡Wow! Sabes, Tony, si tuvieses más entusiasmo, podrías ganar un cheque de $10,000 USD también. ¡Ve por él, Tony! ¡Ra-ra-ra!

¿Qué crees que piensa Tony después de tu llamada tan entusiasta? Tony está pensando que su (censurado, censurado) patrocinador debería de mudarse a un clima más frío.

El entusiasmo es lindo, pero no resuelve el problema de Tony.

Motivación por actitud.

La actitud es un aspecto muy importante. Se ha dicho que la actitud hace la diferencia entre el fracaso y el éxito. Bien, pongamos esta teoría sobre la actitud a prueba con Tony.

Tony trabaja muy duro haciendo presentaciones, nuevos contactos y pidiendo referidos. De nuevo, Tony termina **sin** distribuidores y **sin** clientes.

¿Cuál es nuestra nueva estrategia?

Ajuste de actitud.

Llamamos a Tony Y decimos:

–¿Sabes cuál es tu problema, Tony? ¡Necesitas **mejorar tu actitud!**

Podemos imaginar fácilmente la respuesta cáustica de Tony.

La actitud funciona mejor cuando viene desde el interior. Es difícil que nosotros imprimamos una nueva actitud en alguien más.

Ahora, podemos ayudar a que la actitud de Tony cambie con el tiempo. Eso es lo que hace el desarrollo personal. Pero en el caso de Tony, no tenemos mucho tiempo. Está al borde de renunciar. Tony verá todos nuestros intentos por motivarlo desde un punto de vista ligeramente negativo, así que tenemos que ser muy buenos.

¿Qué más podemos intentar?

Motivación por reconocimiento.

Muchas personas trabajan **más duro** por el reconocimiento personal de lo que hacen por dinero. Pongamos esta idea de motivación por reconocimiento a prueba. Sentimos que si Tony pudiese obtener un poco de reconocimiento, se sentiría mejor acerca de seguir avanzando.

¿Cómo crees que el siguiente escenario funcione en nuestra próxima reunión mensual?

Nos ponemos de pie frente a 100 distribuidores entusiastas en nuestro evento de entrenamiento mensual. Después, aclaramos la garganta para obtener la atención de los asistentes, para asegurarnos de que todos sean testigos del reconocimiento de Tony. Y decimos:

–Damas y caballeros. Quisiera presentarles a alguien esta noche. Alguien que ha trabajado muy duro durante el mes entero. Trabajó más duro que cualquiera que conozco. Hizo cantidad de presentaciones. Hizo muchísimos contactos nuevos y pidió toneladas de referidos. Desafortunadamente, no asoció a ningún distribuidor. No pudo hacer una sola venta. Y después de 30 días de duro trabajo, bueno, fracasó totalmente en cada actividad que realizó. Quiero que me ayuden a reconocer al trabajador más duro del equipo... ¡Tonyyy!

Démosle un fuerte aplauso. Tony, ¡ponte de pie para que todos puedan verte!

Tony no responde positivamente a su vergonzoso momento de reconocimiento. Más tarde, esa noche, nos libramos por poco de ser atropellados en el estacionamiento.

Bueno, estamos exagerando un poco. Pero incluso si reconocemos a Tony por dar un pequeño paso adelante, aún se sentiría avergonzado. Necesitamos hacer una enorme diferencia motivacional en la vida de Tony, y puede que esto no sea suficiente.

¿Qué podemos intentar después? Recuerda, la motivación es uno de nuestros deberes como líder.

Encuentra el sueño que los motiva.

Regresemos atrás a los 1900. Varios psicólogos importantes descubrieron algunas cosas interesantes sobre la motivación personal. Encontraron que para motivar a una persona, primero debemos de reconocer **lo que esa persona realmente quiere.**

En redes de mercadeo, a esto le llamamos, "Encontrar un por qué que te haga llorar." Queremos encontrar lo que tanto quieren y que crea una experiencia emocional para ellos.

Ahora, podemos encontrarnos pensando:

"Vaya, eso tiene más sentido que esas otras técnicas de motivación por miedo, chantajes, motivación por metas, o reconocimiento. Parece que no sirven. Tienen efectos limitados.

Pongamos a prueba esta nueva teoría de "Encontrar el sueño que los motiva" con nuestro desmotivado y deprimido Tony.

Imagina que estás de visita con Tony y su esposa Vera. Decimos:

–Yo sé que ambos se sienten desanimados. No es frecuente que pase un mes de trabajo sin recompensas. Sin embargo, vamos a dejar el mes pasado atrás y miremos hacia adelante.

Tony, cuando las personas se sienten desmotivadas, a menudo les ayuda enfocarse en sus sueños. ¿Qué es lo que quieres de tu negocio de redes de mercadeo? ¿Qué harías con el dinero que ganes?

Tony responde:

–Quiero un coche nuevo. Un coche de todo mi esfuerzo en el negocio. Ahora me siento ridículo cada ocasión que estaciono mi coche en el trabajo. Todos tienen un coche mejor o más nuevo.

Esto debería ser emocionante. Esta es motivación de la mejor, ¿correcto? Acabamos de descubrir lo que Tony quiere: un coche.

Ahora, con nuestro fabuloso descubrimiento, creemos que Tony debería estar emocionado. Debería estar lleno de energía, saltando arriba y abajo y corriendo para salir por la puerta a patrocinar personas. Con nuestra nueva información, esperamos a que Tony salte por los aires, brille con confianza y comience a levitar.

Miramos a la esposa de Tony, Vera. Ella se sienta tranquilamente en su silla. Miramos a Tony. Está sentado en su silla. Totalmente incrédulos, nos damos cuenta de que Tony **todavía no está motivado.**

¿Qué está mal aquí? Encontramos lo que Tony **quiere** de su negocio de redes, ¡pero no está sucediendo nada!

Quizá Tony es inmune, una excepción a la regla.

Preocupados por la motivación de ambos, miramos a Vera y decimos: –Vera, ¿qué es lo que realmente quieres de tu negocio de redes? ¿Qué harás con el dinero que ganes?

Vera responde:

–Quiero una casa nueva. Una casa grande. Tal vez una mansión. Crecí viviendo en pequeños apartamentos. Quiero sentirme bien siendo dueña de una gran casa.

Luego... **silencio.** Nada ocurre. Ambos, Tony y Vera están tranquilamente sentados en su silla mirándonos. No hay aplausos, gritos, sonrisas, emoción, ni motivación.

¡Nada ha cambiado!

Invertimos tiempo, energía, y pensamiento en encontrar lo que quieren. Nada ocurrió.

Encontrar el sueño de alguien es lindo, pero raramente motiva a las personas a tomar acción. Es mejor que ignorar a nuestros distribuidores, pero necesitamos más opciones en nuestro arsenal motivacional.

Quizá esos psicólogos en los 1900 no eran tan brillantes después de todo.

Muéstrales cómo motivarse.

De pronto, nos damos cuenta.

"¡Rayos, lo estoy haciendo todo mal!"

Una idea brillante te llega de golpe. Ahora sabemos lo que hace la diferencia. No se trata de **encontrar** lo que quiere el distribuidor, el secreto es... ¡**mostrarle** al distribuidor cómo conseguirlo! ¡Eso tiene sentido!

Cualquiera puede soñar y fantasear. ¿La diferencia motivacional? Quizá las personas quieren saber cómo conseguir sus sueños. Si le mostramos a las personas cómo lograr sus sueños, podremos motivarlos, ¿correcto?

Pongamos a prueba esta técnica.

Le mostraremos a Tony cómo conseguir ese coche nuevo. Decimos:

–Tony, si quieres un coche nuevo, tienes que ir a una agencia de autos. Un vendedor de autos te ayudará a seleccionar el color. El gerente de ventas te hará una propuesta de precio. Y, el gerente de financiamiento te pondrá en una profunda deuda durante 72 meses consecutivos.

O, si quieres que nuestra compañía de redes pague por el coche, necesitas ponerte al teléfono todas las noches y hacer llamadas en frío con desconocidos hasta que hagas suficientes ventas cada mes para lograr tu calificación para el auto.

Hecho. Logramos nuestra meta. Le **mostramos** a Tony cómo conseguir un coche nuevo.

Tony nos mira como si fuésemos retrasados.

¿Motivación? Nada.

Tony sigue sentado, sin motivación.

Mostrarle a Tony cómo conseguir su coche nuevo no lo motivó. Quizá esta técnica de "mostrarles cómo lograr sus sueños" motive a Vera.

Decimos:

–Vera, déjame mostrarte cómo conseguir una gran casa, una mansión. Primero, buscas en Internet las páginas locales de bienes raíces. Seleccionas una oficina cercana. Encuentras un agente con una bonita sonrisa. Luego, haces una cita para que el agente te muestre las casas más grandes. Es su trabajo, ¿sabes? Mostrar casas. Bueno, cuando veas una casa como la que quieres, ¡firmas el contrato y la compras!

¡Vaya! Eso fue más difícil. Pero le **mostramos** a Vera cómo conseguir una casa grande.

Vera continúa sentada en silencio. Tal vez está conteniendo su emoción por dentro. Por otra parte, tal vez no quiere que Tony salga y reciba un mes entero de rechazos a cambio de todo su esfuerzo. Está cansada de escuchar las quejas de Tony sobre su falta de éxito.

Ahora estamos sentados frente a las dos personas más **desmotivadas** que hemos visto en toda nuestra carrera en redes de mercadeo. Hemos intentado lo mejor que tenemos para motivarlos, pero ninguna de nuestras técnicas previas ha funcionado.

Una mejor solución.

Pensamos:

"Si necesito motivar personas como uno de mis deberes como patrocinador, ¡quiero algo que funcione más a menudo! No quiero perder mi tiempo con técnicas que sólo funcionan en condiciones limitadas. Quiero una mejor manera de motivar a mis distribuidores."

Mostrarle a mis distribuidores "cómo conseguir lo que quieren" parece no funcionar tan bien como debería. Así que pensamos dos veces sobre lo que sabemos acerca de motivar distribuidores.

Finalmente, ¡lo encontramos! Podemos claramente ver una mejor manera de motivar a nuestros distribuidores. Motivar **no es** "encontrar lo que los distribuidores quieren." y **no es** "mostrarles cómo conseguirlo."

Una mejor manera es...

AYUDAR a las personas a conseguir lo que quieren.

Las madres conocen este secreto instintivamente. Quizá tienen incorporado un gen de motivación. Las madres saben cómo motivar.

Por ejemplo, un niño de dos años está jugando con sus juguetes en la sala. Los juguetes están por todas partes. El sofá está cubierto con juguetes. Los juguetes están bajo la mesa de centro. Hay una montaña de juguetes en medio de la sala.

El niño de dos años es pequeño. La sala es grande. Para el niño, luce como si el universo completo estuviese cubierto de juguetes.

Ahora, su madre dice:

–Hora de guardar los juguetes.

El niño mira a su alrededor y piensa:

"¡Oh vaya! Todo el universo está cubierto de juguetes. No hay manera que pueda guardar todos estos juguetes. No tengo experiencia en esto. Es un trabajo enorme. ¿Qué pasa si fracaso? ¿No hay una agencia del gobierno que se encargue de esto? Esto es desalentador. No quiero intentarlo siquiera."

En otras palabras, el niño está muy **desmotivado**. Entonces, ¿qué es lo que hace la madre? Voltea con su esposo y dice:

–¿Soltarías ese diario para ayudar a nuestro hijo a guardar los juguetes?

El esposo cierra el diario, se pone de rodillas y comienza a arrojar los juguetes dentro del baúl. El niño observa eso y piensa:

"Oye, papá me está ayudando. Es muy bueno haciendo esto. Tengo algo de ayuda experimentada. Papá lo ha hecho algunas veces. Es grande, y parece bastante fuerte, creo que entre los dos –¡podemos lograrlo! ¡Es todo un profesional!"

El niño comienza a arrojar juguetes al baúl por que está **motivado**.

¡Sabe que puede terminar el trabajo antes de cumplir los 10! ¿Por qué? Por que está recibiendo **ayuda** experimentada de su papá.

(También hay un mensaje aquí sobre cómo las madres son entrenadoras geniales. Entrenan a padres e hijos. Sin embargo esa es una historia para otro libro.)

¿Podremos conseguir los mismos resultados en redes de mercadeo con esta técnica de motivación con **ayuda**? ¡**Sí**!

El ataque de pánico del nuevo distribuidor.

Cuando un distribuidor nuevo comienza en redes de mercadeo, ¿qué ocurre?

Mira todas las actividades y procesos necesarios para conducir su nuevo negocio. Se necesitan hacer presentaciones. ¡Auch! Eso es mucho para memorizar. Las llamadas en frío y las citas de patrocinio suenan como algo que da miedo. Y, ¿has visto qué tan complicado puede ser hacer un pedido de productos?

Luego, el nuevo distribuidor debe de dominar hablar en público, contabilidad, administración, liderazgo, relaciones públicas, habilidades de venta, y... todo esto puede ser demasiado. De hecho, el **universo entero** del nuevo distribuidor está cubierto con proyectos **difíciles** de hacer.

El nuevo distribuidor mira todas estas tareas y... ¡entra en **pánico**!

"¡Oh no! Presentaciones, citas, ventas, ¿cuál es el coeficiente de las enzimas dinámicas que pasan por el sistema urinario? ¡Todo es abrumador!"

¿La solución al ataque de pánico? Simple.

Ofrecer una mano de ayuda.

El patrocinador se ofrece para ayudar al nuevo distribuidor. El patrocinador dice:

–Hey, no te preocupes. Aprenderemos este negocio un paso a la vez. Piensa en ello como entrenamiento sobre la marcha. Primero, hagamos esto. Haré un par de llamadas de prospección. Todo lo que quiero que hagas es escuchar. Luego, cuando estés cómodo, puedes hacer una o dos llamadas. Yo escucharé y te ayudaré con las preguntas que pueda tener tu prospecto.

Ahora el distribuidor piensa:

"¡Tengo una persona con experiencia ayudándome a hacer esto! ¡Ahora sí puedo hacerlo!"

La motivación puede hacer la diferencia en la carrera de cualquier nuevo distribuidor. Y, la motivación se puede deletrear como: **A-Y-U-D-A**.

Esta motivación de **A-Y-U-D-A** puede funcionar en cualquier parte. Demos un vistazo a otro ejemplo de motivación de **A-Y-U-D-A**.

Problemas de conserje.

Imagina que hubo un gran evento deportivo en tu ciudad, en el estadio jumbo con capacidad para 100,000 personas. El estadio está a reventar. Los fans están histéricos. Los equipos están en un empate. Luego, los momentos finales del juego, un equipo hace trampa –y gana.

¡Los fans **enloquecen**! La mitad de ellos celebra. Arrojan envolturas de caramelos al piso. Arrojan vasos de soda a los fans frente a ellos. Desgarran los asientos y arrojan el relleno al viento.

La otra mitad de los fans está **furiosa**. Comienzan las peleas en las gradas. Arrojan cestos de basura a los fans del equipo contrario. Escupen su goma de mascar al piso. El estadio entero se ha vuelto una enorme revuelta.

Ahora imagina que es la mañana siguiente y estás comenzando tu nuevo empleo como conserje del estadio. **Genial.** Sólo estás tú, tu recogedor y tu escoba contra un estadio en ruinas por la revuelta de ayer.

En una escala motivacional del uno al diez, ¿dónde te encuentras? Como en el cero. Miras los restos de la revuelta y piensas:

"Este es un trabajo enorme. Mi universo entero está cubierto de basura. ¿Qué tal si fracaso? ¿No hay una agencia del gobierno que haga esto por mí? Esto es tan desalentador. No quiero ni intentarlo."

El jefe contraataca.

Justo en ese momento aparece tu jefe (ese es tu patrocinador, si no estás siguiendo esta analogía de negocio). Tu jefe se da cuenta de que necesitas motivación.

El jefe lo intenta con algo de motivación por miedo y dice:

–Si no haces tu trabajo y limpias este estadio, ¡estás despedido!

Bueno, eso definitivamente **no** te motiva por que piensas:

"No puedes despedirme –¡renuncio!"

Luego, tu jefe lo intenta con algo de chantaje puesto que no estás motivado por el miedo. Dice:

–En lugar de pagarte $15 USD la hora, si haces un buen trabajo hoy y durante los próximos seis meses, subiré tu sueldo a $15,05 por hora.

De nuevo, tus niveles motivacionales siguen muy bajos.

¿Quieres probar con algunas metas? Mientras contemplas el área de desastre no declarado, tu jefe dice:

–Yo sé lo que quieres. Quieres terminar el trabajo, ¿verdad? Esa es tu meta. ¡Ve por ella! ¡Comienza a barrer!

Sí, claro. ¡Vaya cosa! Das un bostezo de aburrimiento.

Quizá el reconocimiento funcione mejor. Tu jefe dice:

–¡Conseguiste el puesto de conserje! Santo cielo. ¡Yo tuve ese puesto durante 25 años! Estoy seguro que serás conocido como el Conserje del Estadio Jumbo.

Claro, lo que necesitabas. El reconocimiento como el conserje del estadio.

O, ¿que hay de usar algo de motivación con el ejemplo? Tu jefe dice:

–Después de 25 años como conserje de este estadio, ¡mi jefe me ascendió a capataz!

¿Estás motivado? No.

Probemos con algo de motivación por entusiasmo. Tu jefe alegremente dice:

–¡Caramba! ¡Estoy tan contento de no tener tu trabajo!

Bueno, **tu jefe está motivado**, pero tú continúas sin estarlo.

Hmmm. Todavía nos queda el acercamiento de la actitud. Tu jefe dice:

–Hey, tienes una actitud extremadamente mala sobre este trabajo de conserje. Te sugiero que cambies tu actitud. Tú sabes, ¡la corriges o a la calle!

Sí, definitivamente tienes una actitud acerca de este trabajo, y definitivamente no va a cambiar con este tipo de motivación.

Quizá funcione algo de motivación de saber qué es lo que quieres.

Tu jefe dice:

–¡Apuesto a que sé lo que quieres! ¡Quieres limpiar este estadio! ¿Correcto?

Brillante. El IQ de tu jefe se está acercando a las dos cifras.

Pero qué tal si tu jefe te mostrara cómo hacer el trabajo? Tu jefe señala la fila más alta del enorme estadio y dice:

–¿Ves esa fila de allá? Lo que necesitas hacer es comenzar allá arriba, barrer fila por fila. Cuando tengas toda la basura en la fila de abajo, comienzas a sacarla en bolsas.

Bueno, sí. El jefe te mostró lo que tienes que hacer, pero aún así luce como un trabajo muy grande para un empleado nuevo.

El jefe se pone listo.

Ninguno de estos métodos tradicionales de motivación está funcionando. Así que, probemos con nuestra nueva técnica de motivación de **A-Y-U-D-A**.

Tu jefe toca tu hombro y dice:

–Hey, yo tenía este trabajo y no es tan malo como parece. De hecho, déjame ayudarte. Puesto que es tu primer día, te mostraré mi sistema de limpieza rápida, ¡y para las 2 de la tarde habremos terminado! Estarás impresionado. Luego, iremos a comer pizza o algo.

Ahora, ¿qué sucede con **tu** nivel de motivación? Tal vez no es un "10," pero está mucho mejor, ¿no es así? Te sientes más confiado cuando tienes a alguien con experiencia que te está ayudando a realizar una tarea que ha logrado hacer con éxito en el pasado. Tu confianza aumenta. Tu motivación aumenta. Tu actividad de trabajo aumenta. ¡Hey, esta motivación de **A-Y-U-D-A** realmente funciona!

Poniendo a trabajar esta motivación de A-Y-U-D-A en tu negocio.

Ahora, de vuelta a nuestro negocio de redes de mercadeo. Si tenemos a un distribuidor desmotivado en nuestro equipo, ¿qué podemos hacer para cambiar su nivel de motivación?

Tal vez podríamos llamar a nuestro distribuidor y decir:

–Te diré algo: si tú haces dos citas, yo haré dos citas. Apuesto a que podemos conseguir algunos nuevos distribuidores antes del fin de semana. Eso hará que tu negocio comience con el pie derecho.

Nuestro distribuidor previamente desmotivado ahora está pensando:

"¡Santo cielo, mi patrocinador es todo un profesional! Yo sólo he estado en el negocio dos semanas. ¡Qué gran oportunidad! ¡Qué gran equipo de soporte!"

Ahora, este método de motivación funciona mejor que llamar a nuestro distribuidor y decir:

–¿Has patrocinado a alguien esta semana?

Elevaremos el nivel de motivación de nuestro distribuidor al continuar ayudándole a construir su negocio. ¿Qué tal si llamamos a nuestro nuevo distribuidor y decimos...?:

–¿Recuerdas a Judy, la persona que patrocinamos comenzando la semana? Bueno, la ayudé ayer y asociamos a dos nuevos distribuidores. ¡Ahora tienes dos nuevos distribuidores de segundo nivel!

¡Ahora tu nuevo distribuidor está realmente emocionado!

Todo lo que estamos haciendo es ayudar a que nuestro distribuidor logre sus metas, ayudándole a construir su negocio.

¿Quieres que nuestro nuevo distribuidor se motive aún más? Prueba esto. Llama a tu nuevo distribuidor al día siguiente y dile:

–¿Recuerdas esos dos nuevos distribuidores de segundo nivel? Bien, fui con uno de ellos y patrocinamos a tres personas nuevas. ¡Ahora tienes tres nuevos distribuidores en tercer nivel!

A-Y-U-D-A es un método de motivación grandioso. No usar el método de **A-Y-U-D-A** sería como decir:

"Tengo la esperanza de que cada distribuidor nuevo que patrocino tenga una gran motivación personal, un conocimiento total sobre el negocio, demuestre habilidades sobresalientes en ventas, tenga una maestría de Negocios, le encante que lo rechacen, y que sea un individuo modelo."

Si eso es lo que esperamos de los nuevos distribuidores en nuestro negocio de redes, más vale que nos dediquemos a construir un parque de diversiones en la Tierra de la Fantasía.

Usar la motivación de **A-Y-U-D-A** es el por qué el sistema de patrocino Big Al dos-a-uno funciona tan bien. Esta técnica se cubre en mi libro *La Magia De Patrocinar*.

Un último pensamiento aterrador.

Muchas ocasiones podemos cambiar el nivel de motivación de nuestros distribuidores al simplemente **ayudarles** a construir sus negocios.

Entonces, ¿qué pasará por tu mente cuando escuches a un emprendedor de redes de mercadeo decir:

–¡Mi grupo es una bola de pelmazos desmotivados!

¿A quién le podemos atribuir eso?

¿Al grupo… o al patrocinador?

Cómo motivar por anticipado a tu prospecto para que abra su mente.

En mi libro, *26 Ideas Instantáneas De Marketing Para Construir Tu Negocio De Redes De Mercadeo*, escribí sobre una técnica con un formato de encuesta. Aquí tienes la idea básica sobre cómo funciona, pero demos un paso atrás. Revisemos.

¿Alguna vez has invitado a alguien a una junta de oportunidad?

Mientras esperan que la junta de oportunidad comience, ¿qué está pasando por la mente de tu invitado? ¿Pensamientos negativos? ¿Pensamientos de resistencia y miedo?

Tal vez tu prospecto esté pensando esto: "Rayos. ¿Qué hice? ¿Por qué vine? Van a querer venderme algo. Más vale que levante mis barreras. Puede ser un operativo piramidal. ¿Cómo me dejé engañar para venir aquí? ¿Cómo me escapo sin que me vean? Estoy en una jaula de lobos hambrientos. Más vale que comience a fruncir el entrecejo de inmediato. Necesito pensar algunas objeciones infranqueables. Más vale que esconda mi billetera. Ya sé, actuaré cansado y sin interés. Tendré cuidado. ¡No permitiré que me convenzan de nada!

Esto no está comenzando bien, ¿no es así?

¿Quieres motivar a tu prospecto para que tenga una mente abierta? ¿Una genial actitud? ¿Un gran deseo de unirse a tu negocio? ¿Y lograr todo esto incluso antes de que comience la presentación?

Aquí tienes una técnica que usa un simple formato de encuesta. Cualquier distribuidor puede usar este formato. No se necesita habilidades. Sólo entrega a tu prospecto el formato.

Este formato cambia la actitud negativa de tu prospecto a una actitud de "búsqueda de oportunidades" cuando la presentación comienza.

Lo que sucede cuando invitas a una persona.

¿Recuerdas todos esos pensamientos negativos en la mente de tu prospecto mientras espera que la junta de oportunidad comience?

¿Quieres que tu prospecto tenga estos pensamientos?

Por supuesto que no.

En lugar de eso, cuando el primer presentador comience, quieres que tu prospecto esté pensando:

"Estoy buscando una oportunidad... ¡ya! Quiero un cambio de panorama o por lo menos, algo que sea interesante y que me de a ganar lo que valgo. Necesito algo para mi jubilación. Necesito salir adelante en la vida y mi trabajo apenas me da para vivir. Quiero más de la vida. De hecho, tal vez aquí haya una manera de renunciar a mi trabajo. Quiero hacer más en la vida, quiero viajar, pero no tengo un plan para lograrlo. ¿Cómo puedo resolver estos problemas de dinero y conseguir lo que busco en la vida? Espero que esta presentación me muestre una solución para mis problemas."

Esa es la actitud que quieres que tenga tu prospecto cuando la junta de oportunidad comience. Ahora, ¿cómo creas esta actitud?

Todo lo que necesitas es una simple forma.

Antes de que veamos el formato, revisemos otro problema que no le ayuda a nuestro prospecto. ¿Cuál es?

Damos por sentado nuestros beneficios.

Tenemos bastantes beneficios muy buenos. Pero no hablamos de ellos lo suficiente para que el prospecto los comprenda y los aprecie.

Por ejemplo, hablamos sobre libertad de tiempo. Mencionamos cómo el prospecto no tendrá que ir a

KEITH Y TOM "BIG AL" SCHREITER

un trabajo. Cómo el prospecto podrá tener más tiempo con su familia.

O hablamos de la libertad financiera, el presentador rápidamente menciona la libertad de tiempo y dinero en la misma frase. Algo como decir:

–Buenas noches, damas y caballeros. Gracias por asistir. Esta noche hablaremos sobre la libertad de tiempo y dinero. Déjenme decirles un poco sobre la Corporación Maravilla. La Corporación Maravilla comenzó en 1972 gracias al Sr. Maravilla, quien... etc, etc, etc.

Debido a que el presentador menciona estos beneficios demasiado rápido, dichos beneficios no afectan a nuestro prospecto. Nunca tiene la oportunidad de pensar sobre lo que puede significar tener libertad de tiempo y dinero en su vida.

¿Qué tal si pudiéramos hacer que nuestro prospecto contemple y aprecie estos dos beneficios, antes de que la junta de oportunidad comience?

¿Qué tal si nuestro prospecto tomara diez minutos antes de la presentación para reflexionar sobre lo que podría significar tener libertad de tiempo y dinero?

¡Vaya!

Ahora cuando la junta de oportunidad comienza, nuestro prospecto está pensando:

"¡Cielos! Quiero renunciar a mi empleo. Quiero jubilarme y pasar más tiempo con mi familia y haciendo lo que me gusta. Sin embargo, no hay manera de que me pueda jubilar con mi actual empleo. ¡Tendré que trabajar hasta que cumpla 85 años! ¡Espero que esta presentación de hoy me muestre un plan o una idea sobre cómo puedo lograr tener libertad de tiempo y dinero!"

Con este tipo de actitud, nuestro prospecto tiene una mente abierta y está ansioso por escuchar la presentación. Nuestro prospecto está buscando una solución a su problema de libertad financiera y de tiempo.

Y, nosotros tenemos la solución.

¿Cómo podemos hacer que nuestro prospecto piense esto?

Al entregarle a nuestro prospecto un formato especial de encuesta para que lo llene antes de comenzar la junta.

Aquí tienes un ejemplo de cómo podría lucir tu formato.

Nombre:_____

1. ¿Cuándo te gustaría jubilarte?

__ En un año

__ En dos años

__ En cinco años

__ En diez años

¡Muy bien! Por favor escribe tu plan para lograr tu meta.

2. ¿Cuánto dinero necesitas mensualmente para jubilarte cómodamente?

__ $2,000 USD

__ $3,000 USD

__ $4,000 USD

__ $5,000 USD o más

¡Muy bien! Por favor escribe tu plan para recibir esta cantidad al mes.

3. ¿Cuánto dinero necesitas invertir a un 6% de interés para recibir tu ingreso mensual deseado? (Toma tu respuesta a la pregunta #2 y multiplícala por 200.) Por favor escribe tu respuesta.

¡Muy bien! Por favor escribe tu plan para acumular esa cantidad.

Llegamos 15 minutos antes de la junta de oportunidad. Tan pronto como tomamos asiento con nuestro prospecto, podemos sacar una copia del formato y decir:

–Este formato es para tu uso personal. Nadie más lo verá. Esto te dará algunas ideas sobre qué esperar en nuestra presentación esta noche.

Tu prospecto comienza a llenar el formato y piensa: "I Immm, escribir mi nombre. Eso es fácil."

Y comienza la diversión.

Tu prospecto lee la pregunta #1: "¿Cuándo te gustaría jubilarte?"

¿Su respuesta?

"Bueno, me gustaría jubilarme en unos cinco años."

Y luego, el mazo lo golpea mientras lee: "¡Muy bien! Por favor escribe tu plan para lograr tu meta."

Ahora tu prospecto queda estupefacto. Debe de contemplar y racionalizar esta pregunta y desarrollar un plan viable. Tu prospecto piensa:

"Hmmm, creo que podría comenzar a hacer ahorros para mi retiro, pero ya estoy atrasado por dos meses en los pagos del coche. Y, la tarjeta de crédito está saturada. No puedo vivir con lo que gano actualmente, no podré vivir si me recortan el sueldo cuando me retire.

Tal vez podría conseguir un trabajo de medio tiempo en alguna cadena de comida rápida. No, eso no funcionará. Esos trabajos pagan muy poco. No sé qué hacer. No hay manera realista para jubilarme en cinco años. De hecho, como estoy, ¡tendré que trabajar hasta los 90!

No tengo un plan de retiro. ¡No tengo ni la esperanza de poder retirarme! ¿Retirarme? ¿Es broma? ¡Si apenas puedo sobrevivir!

Tu prospecto desearía poder jubilarse, pero se da cuenta de que no puede. Ahora el impacto de la libertad de tiempo y dinero se asienta. Tu prospecto comprende que a menos de que pueda armar un plan, está condenado a trabajar por siempre.

Tu prospecto no tiene un plan factible. ¡No tiene si quiera un plan no factible!

Por lo menos la pregunta #2 es un poco más fácil.

Luego, tu prospecto lee: "¿Cuánto dinero necesitas mensualmente para jubilarte cómodamente?"

Digamos que tu prospecto piensa:

"Muy bien. Ésta es fácil. Puedo retirarme con sólo $3,000 al mes. Viviré en una pequeña choza de troncos junto al lago y pescaré todos los días. Puedo comer pescado, cortar leña para calentarme, y puedo vivir cómodamente si sólo recibo $3,000 al mes."

Y luego, tu prospecto lee: "¡Muy bien! Por favor escribe tu plan para recibir esta cantidad al mes."

Este dilema lo pone al borde de la muerte por que tu prospecto no tiene un plan. Está pensando:

"¿Cómo puedo conseguir $3,000 USD al mes? Si renuncio a mi trabajo, mi pensión y mis prestaciones del seguro social no se acercan siquiera a lo que necesito. Además, no califico todavía para eso hasta que tenga la edad que piden. Los estudiantes de preparatoria ya están haciendo fila para pedir empleo en los restaurantes de comida rápida. No soy estrella de rock, así que no puedo esperar regalías de la venta de mis discos.

Tal vez pueda hablar con mi jefe y hacer que me pague un sueldo sin tener que ir a trabajar nunca. No, eso no funcionará. La compañía está haciendo recortes y creo que sería el primero en irse.

No tengo acciones en la bolsa, así que no recibiré dividendos cada mes. ¡Oye, esto es terrible! ¿Cómo se jubilan siquiera las personas? ¿Cómo es que la gente recibe dinero en su cuenta cada mes si no tiene un empleo regular? ¿Cómo es que cualquiera puede jubilarse?"

Tu prospecto se comienza desesperar. Su falta de un plan viable para su jubilación ahora es muy visible.

Y finalmente, pregunta #3.

Tu prospecto lee: "¿Cuánto dinero necesitas invertir a un 6% de interés para recibir tu ingreso mensual deseado? (Toma tu respuesta a la pregunta #2 y multiplícala por 200.) Por favor escribe tu respuesta."

Le llamamos a esto la "Regla de los 200." Es una manera fácil para que las personas se den cuenta de las grandes cantidades de efectivo que necesitarán para un retiro cómodo.

En el caso de tu prospecto, él piensa:

"Bien, si quiero una jubilación de $3,000 USD al mes, entonces multiplico $3,000 por 200 y la respuesta es... ¡¡¡$600,000 dólares!!! ¡Caramba! ¡Eso es mucho dinero!"

En completo shock, tu prospecto lee la siguiente frase: "¡Muy bien! Por favor escribe tu plan para acumular esa cantidad." Ahora tu prospecto se siente completamente desanimado. Está pensando:

"$600,000 USD es demasiado dinero. Veamos, tengo ahorrados $1,000 actualmente. Al 6% de interés, eso es como $60 USD de intereses por año. Si divido eso entre 12 meses, estaré recibiendo como $5 USD al mes como ingreso. Eso me deja corto como por unos $2,995 USD al mes.

Pero espera. Estoy dos meses atrasado con el pago del coche y tengo la tarjeta saturada. Tendré que usar ese dinero este mes para los gastos. ¡Vaya! Ahora no tengo nada.

Tal vez pueda ponerme en adopción para que algún millonario anciano y enfermo me adopte. No, no creo que eso pueda suceder.

Ya lo intenté con la lotería. Sonaba como un buen plan pero todo lo que hice fue perder dinero.

No tengo un plan. No tengo esperanza de jubilarme en cinco años. Desearía tener un plan. **Espero que la junta de oportunidad de esta noche me de una idea de algún plan que pueda resolver mi problema."**

Ahora tu prospecto está sentado al borde de su asiento con la actitud correcta. Está pensando: "Déjame buscar razones por las que la oportunidad de esta noche podría funcionar, en lugar de buscar razones por las que no podría."

La diferencia es asombrosa.

Cuando la junta comienza, tu prospecto no está peleando ni rechazando tu oportunidad. En lugar de eso, tu prospecto está buscando **razones para estar de acuerdo** con tu oportunidad.

Los prospectos con una mentalidad abierta hacen que patrocinar sea agradable. El secreto para cambiar la actitud de tu prospecto es fácil. Sólo usa un simple formato.

¿Pero qué tal si no uso juntas de oportunidad?

Puedes usar esta forma en donde sea. Usa tu imaginación. Aquí hay algunas ideas:

* En una feria comercial, reparte estos formatos con tu teléfono y un folleto.

* Como respuestas en tu publicidad, envía una copia de este formato con tu paquete de seguimiento.

* Usa este formato en juntas caseras y presentaciones uno a uno.

* Sube este formato en tu página web.

* Reparte este formato en la fiesta Navideña de tu trabajo. Eso hará que comience la conversación. Por supuesto, eso hará que la alegría festiva de tus compañeros se vaya un poco.

* Usa esta forma como parte de las sesiones de entrenamiento para tus distribuidores. Esto les dará una razón para permanecer en tu negocio.

Con un poco de imaginación o edición, puedes usar esta técnica del formato de encuesta para resolver muchos de los retos de patrocinio.

¿Pero qué hay de los jóvenes?
No todos los prospectos son mayores.

Este formato no funcionará para todos los prospectos. Por ejemplo, si tu prospecto tiene 18 años de edad, ¡pareciera que faltan 100 años para su jubilación! A un prospecto de 18 años no le importa una jubilación.

¿Qué les preocupa a los prospectos jóvenes? A los prospectos jóvenes no les gusta la idea de trabajar 45 años como sus padres. Así que ahora podemos crear un formato que luzca como este:

Nombre:_____

1. ¿Cuándo te gustaría renunciar a tu trabajo y disfrutar de la vida?

___ En un año

___ En dos años

___ En cinco años

___ En diez años

¡Muy bien! Por favor escribe tu plan para lograr tu meta.

2. ¿Cuánto dinero necesitas mensualmente para reemplazar tu sueldo actual?

___ $2,000 USD

___ $3,000 USD

___ $4,000 USD

___ $5,000 USD o más

¡Muy bien! Por favor escribe tu plan para recibir esta cantidad al mes.

3. ¿Cuánto dinero necesitas invertir a un 6% de interés para reemplazar tu sueldo mensual actual? (Toma tu respuesta a la pregunta #2 y multiplícala por 200.) Por favor escribe tu respuesta.

¡Muy bien! Por favor escribe tu plan para acumular esa cantidad.

Bueno, eso fue divertido. Los prospectos jóvenes son generalmente más positivos y tienen una mentalidad más abierta. No han sido machacados por la sociedad ni por un jefe chupa-sangre todavía. Disfrutarán del formato y comenzarán a soñar.

¿No es ese un buen estado mental para un prospecto?

¿Pero qué hay sobre vender productos y servicios?

Por supuesto. ¿Por qué no? Podemos personalizar esta forma para cualquier cosa.

Hagamos un formato de muestra para dietas.

Nombre:_____

1. ¿Cuándo te gustaría conseguir tu peso ideal?

__ En un mes

__ En tres meses

__ En seis meses

__ En un año

¡Muy bien! Por favor escribe tu plan para lograr tu meta.

2. ¿Cuánto peso necesitas perder cada mes?

__ 1 kg

__ 2 kg

__ 4 kg

__ 5 kg o más

¡Muy bien! Por favor escribe tu plan para lograr tu meta mensual.

3. ¿Qué tipo de cambio de estilo de vida, de ejercicio o de alimentación usarás para perder ese peso de manera segura?

¡Muy bien! Por favor escribe por qué esta ocasión será diferente a los intentos previos para bajar de peso.

Así que ten un poco de diversión. Redacta tus propios formatos y observa cómo tus prospectos mejoran su actitud y abren su mente.

Deja que un simple formato venda y motive por adelantado a tus prospectos.

Motivación por asociación.

Hay un viejo dicho, "Si te reúnes con cuatro personas quebradas, te garantizo que pronto serás la quinta."

"Tengo 55 años de edad... y depresión."

Tu distribuidor quiere renunciar a la esperanza. Eso es fácil de hacer. ¿Por qué?

Muchas de nuestras creencias vienen de experiencias. Si un perro diferente nos muerde cada semana, tomará poco tiempo desarrollar la creencia de que los perros son peligrosos.

Demos un vistazo a la vida de Carl.

Sí, mi amigo Carl está deprimido, bastante deprimido. Tiene 55 años de edad y en su cuenta de banco tiene... cero.

No es su culpa.

La mensualidad del auto, pagos de tarjetas de crédito, el club, vacaciones anuales, y una costosa hipoteca toman todo su sueldo. No puede ahorrar ni un solo centavo. Tiene suerte si su empresa le otorga una pensión a sus 65.

Y es por eso que está deprimido.

La pensión de su compañía y los beneficios del seguro social suman 65% de su salario actual.

No está mal, pero aquí está la realidad de su futura jubilación.

No puede vivir si sólo come 65% de sus alimentos.

El banco no reducirá sus mensualidades del auto al 65% de lo que paga actualmente.

Sus vacaciones todavía costarán lo mismo.

No recibirá ningún descuento en la gasolina ni en los servicios básicos.

Los precios de la ropa seguirán siendo los mismos.

En otras palabras, el ingreso de Carl se reducirá un 35% el día que se retire. Sin embargo, sus gastos no se reducirán 35%.

En sólo diez años, Carl vivirá una vida miserable.

¿Redes de mercadeo al rescate?

Quiero ayudar a Carl. Es mi amigo.

Así que durante la comida un día, le mostré cómo mi red de mercadeo podría agregar algo de ingreso a su vida. Yo sé que Carl no quiere pasar mucho tiempo construyendo un negocio. Así que le presenté un plan de medio tiempo con metas de ingreso modestas.

Le mostré a Carl cómo ganar $400 USD extras al mes. Esa es una cifra creíble en su mente.

¿La respuesta de Carl?:

−¿$400 USD al mes? ¡Debes estar bromeando! ¡Eso apenas cubre los intereses de la tarjeta de crédito! Eso no es suficiente para cambiar la situación de mi jubilación. No vale la pena el esfuerzo. No sacrificaré mi poco tiempo libre por solo $400 USD al mes.

Y tiene razón.

Si Carl ahorra ese ingreso de $400 USD extra cada mes para su retiro, bueno, eso no suena muy emocionante.

En sólo diez años el fondo extra para el retiro de Carl sólo valdría $48,000 USD, más un poco de interés compuesto. Quizá un gran total de $60,000 USD.

Mientras que $60,000 USD es una buena suma de dinero extra, la realidad es que:

$60,000 USD al 6% de interés sólo producirá un ingreso de $300 USD al mes.

$300 USD extras al mes están bien, pero no resuelven el problema de Carl. No es de sorprender que no pueda emocionarse sobre invertir su tiempo libre para construir un negocio en redes de mercadeo.

Incluso si sumaras el cheque de $400 USD mensuales extras de su negocio en redes de mercadeo a su ingreso de intereses de $300 USD a los 65 años de edad, eso sólo agregaría $700 USD extras al mes a su pensión. Mientras que esa es una buena cantidad, Carl todavía tendría problemas para cubrir los gastos mensuales.

¿Qué puede hacer Carl?

El plan de Carl es esperar a que la situación mágicamente cambie. Se siente desesperado. Cree que su problema está fuera de su control.

Las cosas no cambiarán mágicamente, ¿qué otra cosa podría ocurrir?

1. Carl podría deprimirse todavía más. No puede ver una salida a su situación financiera.

2. O, podríamos usar nuestra experiencia e imaginación para diseñar un plan de esperanza, y tal vez eso podría motivar a Carl para salir adelante.

Aquí está el plan que le sugerí a Carl.

1. Invertir su tiempo extra para construir un ingreso mensual de $400 USD en redes de mercadeo.

2. Encontraremos una casa en el vecindario de Carl que esté a la venta. Pensamos que podemos conseguir la casa de la esquina por unos $200,000 USD.

3. Prepararnos para un delicioso retiro dentro de 10 años.

Carl tiene algo de valor en su casa. Podría usar ese valor en su casa para el pago del anticipo.

Los pagos mensuales de Carl, incluyendo impuestos y seguro, serían de $2,700 USD al mes por diez años.

Las buenas noticias son que Carl podría pagar la casa en sólo diez años. Sería un maravilloso activo para su retiro.

Las malas noticias son que Carl podría cómodamente rentar la casa por sólo $2,300 USD al mes. Eso sacaría $400 USD adicionales del bolsillo de Carl para pagar la hipoteca cada mes.

Y ahí es donde entra el negocio de medio tiempo en redes de mercadeo de Carl. Esta es la fuente de ingreso que necesita para comprar la casa.

Así que, si Carl comienza su negocio de redes de mercadeo y compra la casa, ¿cuánto le agrega esto a su ingreso de jubilación?

En diez años, la inversión de la casa de Carl podría valer unos $300,000 USD. Eso sólo es el ajuste por la inflación mínima. Y esta casa de $300,000 USD estaría totalmente pagada.

Una inversión de $300,000 USD incluso con un retorno bajo, del 5%, nos da $1,250 USD adicionales para el retiro de Carl.

Pero espera, ¡hay más!

Carl seguirá recibiendo su cheque mensual de $400 USD de su negocio de redes de mercadeo, ¡así que el ingreso total para su jubilación se incrementa en $1,650 USD al mes! Recuerda, estos $1,650 USD son además de la pensión de la compañía y el seguro social.

Ahora, eso sí es emocionante.

Y todo eso podría suceder en sólo 10 cortos años.

Es difícil estar motivados si no tenemos una solución.

Podemos motivar a las personas cuando los educamos con opciones que les den esperanza.

¿Conoces a alguien que tenga 55 años de edad que le gustaría recibir un aumento de $1,650 USD al mes en su pensión?

Yo sí. Conozco muchas personas como Carl.

Pero la realidad es...

Carl no comenzará con su pequeño negocio en redes de mercadeo.

Carl no comprará la casa de la esquina.

Y Carl sufrirá miserablemente en su retiro.

¿Por qué?

Por que Carl tiene 55 años de programación en su cabeza que lo hace creer:

"Soy una víctima profesional. No hay nada que pueda hacer para ayudarme a mí mismo."

Y esta es la fea realidad cuando hablamos con prospectos como Carl. Estamos peleando contra 55 años de mala programación, y eso es muy difícil de vencer en una sola plática.

¿Entonces que podemos hacer para ayudar a los Carls del mundo?

Podemos darles nueva programación. Podemos mostrarles nueva información que gradualmente les ayude a creer que pueden hacer algo para ayudarse a ellos mismos.

Podrías usar nuestro libro *Por Qué Necesitas Comenzar A Hacer Redes De Mercadeo* para ayudar a cambiar el punto de vista de Carl. Es sólo un pequeño libro, tal como el límite de atención de Carl. O, elige otro libro que expanda las posibilidades en la mente de Carl. ¿Qué tal un audio? ¿O invitar a Carl a un seminario en vivo?

¿Por qué no llevar a Carl contigo cuando visitas a tus amigos positivos? Sus actitudes de "sí se puede" ayudarán a que la negatividad de Carl disminuya.

Luego, comparte pequeñas historias de éxito cuando hables con Carl. Agregar estos casos de estudio de la vida real hace que sea más difícil para Carl decir: "Oh, eso nunca funcionará."

Y nunca le digas a Carl qué pensar.

Las creencias y pensamientos de Carl dependen de él. Sólo él puede decidir cambiar sus creencias.

No todos están listos para ser motivados ahora mismo. Algunas personas necesitan más educación y más esperanza primero.

Así que no comiences a darles presentaciones. En lugar de eso dales nueva información que les ayude a cambiar su sistema de creencias negativo.

* Préstales un libro.

* Préstales un audio.

* Ayúdalos a asociarse con personas positivas.

Y luego, en unos cortos meses tendrás muchos prospectos geniales. Estos prospectos creen que pueden hacer algo para ayudarse a sí mismos. Estos prospectos pueden estar motivados. Y estos prospectos están listos para tomar acción.

"¿Qué es lo que motiva a las personas a tomar esas decisiones?"

Las personas no salen de su camino para tomar malas decisiones. Aún así algunas veces podemos preguntarnos:

1. ¿Por qué las personas actúan de la manera en que lo hacen?
2. ¿Por qué las personas toman decisiones absurdas que no comprendemos?
3. ¿Por qué los prospectos evitan nuestra oportunidad para obtener más dinero?

Por que las personas toman decisiones basadas en su sistema personal de creencias.

Las personas no salen de su camino para tomar decisiones malas o ilógicas. Toman las mejores decisiones que pueden –basados en los valores que les importan más en sus vidas.

Puesto que cada individuo es único, todos tienen valores y metas diferentes. Eso significa que la mayoría de las personas no ve ni juzga a las oportunidades de la misma manera que nosotros.

En lugar de eso, usan un estándar completamente distinto para decidir qué es lo mejor para ellos.

Todos tenemos valores y estándares diferentes.

Comprender cómo nuestros prospectos **priorizan** estos valores es crítico en nuestro camino para motivar personas.

Cuando comprendemos cuáles valores son dominantes en la vida de las personas, podemos comprender y motivarlos mejor al respetar sus necesidades y deseos.

Comencemos investigando algunos valores comunes. Mientras aprendemos sobre estos valores, piensa en cómo cada uno de estos valores le da un punto de vista diferente a casi cada situación.

La realidad puede cambiar drásticamente cuando se mira a través de diferentes valores.

Valor #1: Poder.

John organiza el coro de la iglesia y la asociación local de propietarios de casas. Estos no son cargos de elección popular, él simplemente los asumió. Cuando John quiere llevar a cabo proyectos, no duda en asignar deberes a quien sea ni cuando sea.

¿John está satisfecho con los resultados de su delegación de tareas? Nunca. John piensa que podría haber mejorado cada desenlace con más intervención personal de su parte.

John no escucha las críticas. Él cree fuertemente en lo que hace, y cómo lo hace. Si quieres que algo se haga, llamarías a John. Él ve la perspectiva completa (con él en el centro) y no permitirá que circunstancias frustrantes, regulaciones ni personas negativas se interpongan en su camino.

Las personas que están enfocadas en el poder son asertivas, confiadas, y productivas. Son fuertes organizadores y supervisores. Las decisiones son rápidas y certeras. También son controladoras, entrometidas y mandonas.

Tampoco se equivocan nunca. ¡Sólo pregúntales!

Con energía de sobra, a las personas que valoran el poder les gusta delegar trabajos y tareas a otros pero rara vez están satisfechos con los resultados. Siempre buscan y esperan lo mejor.

Las personas de poder siempre buscan nuevas oportunidades para ganar más poder. Los cambios de trabajo son frecuentes si la nueva posición ofrece más poder, autoridad o control. El dinero toma un rol secundario en la decisión.

Puedes encontrar personas motivadas por el poder como líderes del coro de la iglesia, políticos, y altos mandos en organizaciones. Les encanta hacer reuniones y no retroceden ante una situación retadora.

Motivar a John es fácil. John naturalmente quiere organizar, controlar, y decirle a otros qué hacer. Se enfocará en construir su grupo para que pueda llegar a los escalones más altos como líder. Luego podrá tener la plataforma y el estatus para estar a cargo.

Podemos encender la emoción temprano en la carrera de John al tenerlo como maestro de ceremonias en las juntas de oportunidad o en los entrenamientos. O tal vez hacer que John organice y lleve a cabo las juntas de entrenamiento mensuales.

Una probadita de poder hará que John se enfoque en construir rápidamente su negocio.

Veamos nuestro siguiente valor.

Valor #2: Seguridad financiera.

Steve sólo tiene una deuda de $1,000 USD. Esto le molesta tanto que toma un trabajo de medio tiempo como conductor de taxi para pagar su deuda.

Conduce un auto económico, rara vez come fuera, viste ropa conservadora, y tiene un empleo confiable y estable en el gobierno. Con cuentas de ahorro en dos bancos diferentes, Steve se siente obligado a hacer depósitos regulares de su cheque cada dos semanas.

Steve ahorra sus millas de viajero frecuente de sus viajes de trabajo y las usa para sus vacaciones, y a menudo integra reuniones de trabajo en sus vacaciones para deducirlas de impuestos.

Steve se concentra en su seguridad financiera y acumula activos como finanzas, certificados de depósitos, etc. Es muy consciente de su seguridad y es conservador. La simple idea de que un cheque suyo rebote lo pone al borde del ataque de pánico. Cuidadosamente acumula dinero para el futuro, mientras pospone pequeños lujos que pueden facilitarle la vida.

Evitar los riesgos es extremadamente importante en sus transacciones financieras como en sus relaciones personales. Steve considera cómo cada decisión afectará un futuro incierto.

Las personas como Steve toman empleos de medio tiempo para poder contribuir más a su fondo de retiro. Mira a los empleados leales que permanecen con una compañía. Estas personas a menudo hablan sobre dinero y siempre están abiertos a ideas nuevas para lograr independencia financiera. Puedes encontrarlos acorralando a los asesores financieros en las fiestas.

Ahora, ¿qué podría ser emocionante para estos individuos con "delirio de contador"?

¡Ingreso residual!

Cuando calculan cuánto dinero tendrían que depositar en el banco para obtener el mismo retorno de ingreso, casi se desmayan de la emoción.

Recuérdale constantemente a estos individuos sobre crecer su ingreso residual. Esto los mantendrá enfocados y motivados.

Valor #3: Deseo de ser rico.

Carol vive en un exclusivo complejo departamental. Su departamento está decorado con mobiliario de lo mejor, un sistema de entretenimiento, y tiene la última moda en decoración. Cada semana tiene una mucama que limpia. Rutinariamente la visita su asesor de modas.

Todas sus tarjetas de crédito están al tope y tiene muy pocos ahorros. Gasta dinero en la lotería y apuestas.

Recientemente, con dos semanas de anticipado, Carol se mudó al otro lado del país para un trabajo nuevo con un mejor salario y beneficios. En poco tiempo, Carol, una persona muy sociable, está bien conectada con personas de toda la ciudad.

Las personas como Carol tienen la filosofía de que si luces como si tienes dinero, y vives como si tienes dinero, algún día asombrosamente, despertarás con riqueza en el banco.

Compran ropa y joyería costosa con su tarjeta de crédito. Los vendedores de artículos de lujo las adoran por que sacan grandes autos de lujo en arrendamiento y se unen a clubes de elite para poder desayunar cerca de sus ídolos.

Como quienes valoran la seguridad financiera, este grupo a menudo sólo habla sobre dinero. Sin embargo, en lugar de discutir cómo ganar dinero, ellos hablan sobre cómo lo gastaron.

Cifras exactas (entre más grandes, mejor) de su nuevo bote, auto o casa de lujo se mencionan frecuentemente en las conversaciones. Un gran factor de motivación es la envida a otros y mantener las apariencias.

Son agresivos al tomar riesgos, colocan su dinero en acciones volátiles y demás inversiones de alto rendimiento (y alta inestabilidad).

Pueden trabajar duro si el trabajo luce prestigioso y complementa su estilo de vida. Tienen mentalidad abierta ante nuevas oportunidades que les ayuden a lograr sus metas. ¿Y qué motiva a este tipo de individuos en redes de mercadeo?

Piensa en ganar el crucero de lujo o el viaje internacional de la compañía, ganar el bono del reloj o el auto de lujo... ¡oh y comprar ropa nueva para el banquete de premiación!

Valor #4: Deseo de verse bien.

Tim es un fanático del gimnasio que entrena con su entrenador personal cinco veces por semana. No compite profesionalmente, pero consume seis esteroides herbáceos y proteína para ganar masa muscular a diario.

Tiene varias citas al mes para cortar y teñir su cabello (y su abundante barba) y manicura. En su baño hay siete tipos diferentes de shampoo y acondicionador y cuatro tipos diferentes de productos para el peinado. Su elegante maleta para el gimnasio y el cajón de su escritorio en la oficina tienen juegos iguales de sus productos para el cabello.

Enfocados en su imagen corporal, las personas como Tim pasan todo su tiempo y gastan todo su dinero asistiendo a clubes deportivos, spas y salones de belleza.

Esto solía ser primordialmente un valor femenino, pero hoy en día más y más hombres se les están uniendo. Todos hemos visto el incremento en la publicidad para productos de vanidad masculinos, quemadores de grasa, etc. No es algo malo. La vanidad ahora es una oportunista que no discrimina sexo.

Mi hija, Ann, dice que será bueno para los hombres puesto que los hará apreciar lo que las mujeres soportan en nombre de la belleza. Por supuesto, los hombres nunca comprenderán los apuros de las mujeres hasta que los confrontemos con una depilación de cuerpo completo...

Las personas que valoran la apariencia personal tienen calendarios de trabajo que compiten con sus citas del spa y sesiones de ejercicios en el gimnasio. Su lealtad más importante es con su apariencia física, así que son receptivos a las oportunidades que les permitan mejorar su apariencia.

La atención al detalle es otro rasgo que personifican, tanto como una tendencia al perfeccionismo. No encontrarás a este grupo trabajando donde los uniformes son obligatorios. Ropa de diseñador y vestimenta sofisticada son la norma. La palabra clave en su vocabulario es "personalizar." Busca el reloj elegante, brazalete o el dije y no olvides el anillo enorme. (Por favor nota: los ingenieros y contadores rara vez tienen este valor en su lista de prioridades.)

Si le pides a alguien de este grupo que hable en tu reunión, primero querrán revisar la iluminación del salón para asegurarse de que lucirán bien.

¿Qué motiva a la multitud de la vanidad?

Reunirse con prospectos en un café o restaurante de moda, vestirse para el banquete formal en la convención, y mostrar su nuevo look desde el frente del salón cuando califican para hablar. ¿Califican para hablar?

Sí, simplemente deja que se enteren que si alcanzan un cierto nivel de logro, serán el centro de atención de todos al ser el orador principal.

¿Listo para otro valor?

Valor #5: Relación amorosa con la pareja.

James es un recién casado. Él y su esposa, Sara, acaban de comprar su primera casa y pasan la mayoría de los fines de semana trabajando en remodelaciones juntos.

A pesar que invitan a sus amigos a menudo, rara vez salen por las noches. James tiene un empleo estable pero constantemente está buscando oportunidades para mejorar su estilo de vida y el de Sara.

Toman libres varios días al mes para pasar tiempo de calidad en casa juntos, pero reponen el trabajo en sus horarios de comida. Rara vez hacen viajes de negocios y evitan cenas y eventos de trabajo.

Las personas que priorizan una relación amorosa con su pareja dependen bastante es ellos para tomar decisiones. Rara vez se les ve solos. Puedes encontrarlos besándose en público, con vestimentas coordinadas, y sujetados de la mano. Hablan con su pareja 12 veces al día desde cualquier lugar que estén. Puedes escucharlos hacer sonidos de besuqueo por teléfono cuando pasas cerca de su oficina.

Lo que hace que sus relaciones funcionen es la co-dependencia. Toman decisiones lenta y calculadamente mientras piensan cómo afectará a su pareja. Trabajan duro pero no están obsesionados con el trabajo. Encontrar la línea entre las obligaciones laborales y su vida personal es importante para ellos.

Si quieres ser cuidado, este grupo será una línea ascendente perfecta. No sólo te harán llamadas regularmente, sino que escucharán tus problemas personales y opiniones durante horas. Son el mejor equipo de apoyo.

Sin embargo, el lado negativo es que les incomoda hacer contactos nuevos fuera de su zona de confort. Sólo piensa en la palabra "capullo." Ellos entran en la descripción.

Apuesto que puedes pensar en varias personas que tienen este valor encabezando su lista de prioridades.

Este grupo valora sus relaciones con los demás distribuidores. Salidas en grupo, cenas sociales, y eventos de relaciones grupales los mantendrán motivados. Las llamadas de videoconferencia son más una experiencia para crear lazos que para entrenar o prospectar.

Y ahora veamos otro valor.

Valor #6: Familia.

Paul es un hombre de familia con cuatro hijos. Se asegura de asistir a los partidos de la Liga Infantil, recitales, conciertos, clases de natación, posadas navideñas, eventos escolares y juntas del consejo de padres. Todas las noches la familia se sienta a la mesa para cenar y hablan sobre su día.

Paul puede cambiar un pañal, arreglar una tarja que gotea y blandir con autoridad las pinzas para la parrillada. La casa siempre está activa con niños, dos perros, un gato y un pez dorado llamado Nemo. Él y su esposa llevan a la familia a su cabaña a la orilla del lago por dos semanas al año.

Las personas orientadas a la familia tienen prioridades y valores antes del trabajo. La mayoría del tiempo está dedicado a la familia. Las vacaciones familiares y las cenas son importantes para ellos.

Son leales y pueden ser motivados por oportunidades que beneficien a la familia. Las decisiones se consideran y se discuten con cada miembro de la familia incluyendo el primo que vive en Europa.

Los ves en Disney con un grupo enorme de 200 personas –todos con camisetas idénticas impresas en tinta fluorescente con la frase "Tour de Reunión" en el pecho.

Los compromisos significan mucho para este grupo. Las metas de largo plazo y las relaciones son fáciles también. Este grupo es especialmente popular con las abuelas, pero no muy popular con los adolescentes.

Busca personas que tengan "familia" encabezando su lista de valores, para obtener un estable y consistente liderazgo.

Y con sus habilidades de reuniones familiares, son organizadores grandiosos para tu próximo evento de entrenamiento regional. Inclusive llevarán a sus hijos como voluntarios en el evento.

Un factor motivador gigante en sus vidas es la libertad de tiempo que una red de mercadeo les puede proveer. Más tiempo con la familia... es justo lo que buscan.

Así que cuando la compañía anuncie la promoción de un viaje, ve si ese viaje puede incluir a otros miembros de la familia. ¿viajes familiares? Es una motivación excelente.

¿El siguiente valor?

Valor #7: Satisfacción profesional.

Michael tuvo un trayecto poderoso en la universidad y encontró un gran trabajo con buenas oportunidades para escalar. Desde entonces ha cambiado de empleo una ocasión, y fue por una posición casi idéntica con una compañía más grande.

Él y su esposa se comunican mayormente por teléfono y correo electrónico debido a que él está en la carretera a menudo en viajes de negocio o trabajando por las noches o los fines de semana en la oficina.

A pesar de que es muy exitoso y es el vicepresidente más joven de la historia de la compañía, Michael aún está frustrado con su progreso en la misma. El calendario de Michael es apresurado y con mucho estrés. Recibe presión de su trabajo y la combina con la presión que él mismo se impone.

Gracias a sus metas profesionales, se rehúsa a tomar tiempo libre para relajarse y descansar. En lugar de eso, Michael confía en sus analgésicos para mitigar su migraña crónica y visita a menudo a su quiropráctico. (Vaya, este es el candidato perfecto para una compañía de productos de nutrición.)

Las personas que se enfocan en satisfacer su carrera a menudo son adictos al trabajo cuyo tiempo se centra en salir adelante, conseguir el aumento, y que les otorguen la llave del sanitario para ejecutivos.

¿Dónde los encuentras?

Puedes verlos brevemente en aviones, sepultados bajo toneladas de papeles y tecleando ruidosamente en su computadora portátil. Se sienten devaluados en el trabajo y creen que hace falta que reconozcan aprecien sus esfuerzos.

Las nuevas oportunidades no siempre son consideradas a menos que caigan directamente sobre el plan de negocios previamente trazado que tienen para su vida.

El liderazgo es fácil para ellos ya que están muy dispuestos a fijar el ejemplo para el grupo. No tendrás que llamarlos para recordarles de la próxima junta de oportunidad.

Sólo puedes esperar que tus mejores distribuidores tengan este valor en el tope de su lista de prioridades. Cuando una persona tiene este valor muy alto en su lista, puedes quitarte de su camino, puesto que no te necesitan y estarás interfiriendo con su plan. Ya cuentan con la motivación integrada para invertir al máximo en su carrera.

Valor #8: Deseo de sentirse necesitado.

Cathy es una maestra de segundo grado. Es voluntaria en el hospital local y trabaja con el grupo de jóvenes de su iglesia. Su esposo es dueño de un negocio y ella se encarga de la contabilidad y las nóminas. Todos los días ella hace sándwiches para sus hijos y los lleva a la escuela y de regreso. Además de eso, tiene una gran red de amistades cercanas que confían en ella para consejos, favores y como su paño de lágrimas en general.

Las personas que quieren sentirse necesitadas siempre estarán dispuestas a quitarse la camisa por la sonrisa de un amigo y una palmada de aprecio. Pueden, en ocasiones, convertirse en mártires.

De buena gana harán sacrificios para todos los demás y buscarán agradecimiento. Muchos son trabajadores sociales, voluntarios, trabajadores de la caridad, y personal de hospitales.

Puesto que les agrada la responsabilidad, las personas que valoran su utilidad son eficientes y productivos. Son amigos y empleados leales. Si quieres delegar el proyecto del boletín informativo mensual a alguien de este grupo, ya sabrás que el proyecto brillará con excelencia.

Estoy seguro que puedes ver muchas personas en tu vida que tienen este valor arriba en su lista. Algunas "súper mamás" tienen este valor por naturaleza.

Entre más tareas puedan asumir, más motivadas se encuentran.

Pregúntate: –¿Qué proyectos podrían apoyar estos distribuidores?

¿Un ejemplo? Organizar el banquete mensual. La logística del banquete es fácil, pero, ¿no sería genial si alguien le llamara a los demás distribuidores y les recordara patrocinar a alguien, para poder calificar y recibir la invitación del banquete?

Valor #9: Iluminación personal.

John prefiere meditar que ver televisión por cable o jugar videojuegos. Ha revisado cada libro de filosofía en Internet y es un asistente ávido en cursos de desarrollo personal.

Comprender quién es y cómo encaja en el universo es más importante que el dinero, los aumentos en el trabajo, los fines de semana deportivos y la jardinería.

Las personas enfocadas en la iluminación personal tienen el propósito de "encontrarse a sí mismos." Puedes encontrarlos en librerías New Age, clases de yoga y talleres de auto-ayuda. Su librería de audio es sobre simplificar sus vidas y comprender el universo.

Puesto que sus caminos de exploración personal les ofrecen recompensas positivas, pasan mucho tiempo y energía compartiendo su sabiduría con otros.

Las carreras alternativas se mezclan bien con su estilo de vida. Algunas veces aceptarán trabajos poco comunes para salir de la carrera de la rata. A menudo están abiertos a nuevas ideas, pero si están buscando su niño interior, no te ofrezcas como niñera.

Este grupo posee habilidades de enseñanza y explicación increíbles. Pueden descifrar información compleja y presentarla claramente y con aprendizajes. Si dan una conferencia sobre un tema que te interesa, será una experiencia de aprendizaje divertida.

Este grupo valora a las redes de mercadeo como un estilo de vida alternativo y también como una experiencia de crecimiento personal. Así que no les pidas que memoricen el plan de compensación.

Permíteles que hagan su negocio de redes de mercadeo como parte de su experiencia de crecimiento personal.

¿Nuestra tarea favorita para mantener a estas personas motivadas y enganchadas? Haz que lideren un grupo de planeación o de lectura que se reúna semanalmente por teléfono o videoconferencia. Les encanta el tema en cuestión, y tendrán que asesorar a otros para dominar lo que ellos han aprendido.

La mejor manera de aprender algo en enseñarlo. Esta actividad les ayuda a dominar más habilidades para convertirse en líderes más efectivos.

¿Listo para otro valor común?

Valor #10: Adictos a la aventura/adrenalina/viajes.

Pat vive para la próxima aventura, escapada y viaje a tierras desconocidas. Ha comenzado varias empresas durante los años pero las ha abandonado una por una por aventuras a largo plazo en todo el mundo.

Una ocasión fue a la Antártica para un reto de resistencia de seis meses. Otra, exploró el sureste de Asia en bicicleta de montaña durante casi un año. Sabe decir algunas frases en varios idiomas –la mayoría de estas frases son para pedir una cerveza, direcciones para los sanitarios y halagos para las mujeres bellas que conoce.

El adicto a la adrenalina falta a las reuniones por que se toma el día libre por capricho. Pasa el doble de tiempo en aeropuertos para tomar un vuelo a Africa, en planes de cazar leones –descalzo, con una navaja de bolsillo.

Es fácilmente influenciado por ideas nuevas. Cuando una nueva obsesión lo golpea, la toma con todas su fuerzas y le destina todas sus energías.

Altamente productivo, se lanza a la carga en los nuevos proyectos. Como lado negativo, tiene un periodo de atención corto y necesita una constante fuente de retos nuevos.

Puede decirte dónde conseguir la mejor taza de café en 58 países. Ha hecho paracaidismo en Guam, escalado sin cuerda en los Andes, buceado con tiburones, y atravesado calles en el centro de Nueva York. Es muy espontáneo.

Como distribuidores, las personas como Pat surgen de inmediato con un crecimiento e inercia tremendos. Sin embargo, a menos que haya nuevos retos, sus energías rápidamente se dirigen a la siguiente aventura.

Este grupo es difícil de mantener enfocado en la construcción de sus grupos a largo plazo. Tendrás que intervenir y desarrollar líderes estables debajo del adicto a la adrenalina.

Mi adicto a la adrenalina favorito es Mike. Conozco a Mike desde hace 25 años, desde hace 25 empleos y cambios de residencia.

Durante los primeros diez años, traté de hacer que Mike se convirtiera en una persona estable y aburrida. Pero, estaba actuando bajo mis valores. No hace falta decirlo, siempre me encontraba frustrado y rascándome la cabeza cuando Mike descartaba la seguridad por una nueva y arriesgada aventura.

No podía comprenderlo.

Luego, después de diez frustrantes años, lo comprendí.

¡Se trata de qué valores son más importantes para Mike!

Estaba tomando decisiones inteligentes basadas en sus valores de prioridad. De repente, comprendí a Mike, y lo aprecié como amigo más todavía.

El era fiel a sus valores.

Una vez que comprendemos los valores de otras personas, comprendemos sus decisiones. Esa lección me liberó de seguir frustrado con otros. Aprendí a permitir que las personas tengan sus propios valores, los cuales dictan sus decisiones.

Asegúrate de continuar introduciendo nuevas aventuras y retos para mantener a estos adictos a la adrenalina motivados en sus carreras en redes de mercadeo.

¿Qué tal otro valor?

Valor #11: Aspirar a la fama.

Jerry en una ocasión estuvo cerca de un grupo de personas que comentaban que vieron al ex-presidente Bill Clinton caminar hacia un podio. Cuando Jerry conoce a alguien, siempre dice:

–Cuando estuve con Clinton en Tampa, allá en el '98...

Jerry adora nombrar a cualquier famoso en sus conversaciones y espera que la fama se le contagie. Entra a la casa de Jerry y verás cada trofeo y reconocimiento que ha ganado exhibidos en su sala. Incluso tiene un marco con su certificado de preescolar junto con dos estrellas por haber coloreado dentro del contorno.

Las personas que buscan la fama guardan toda revista que contenga un artículo con su nombre. Si escribieron un artículo que se ha publicado, su nombre y fotografía serán más grandes que el encabezado.

Posteriormente enviarán una copia del artículo a todos los que conocen.

Gracias a su deseo por la fama, son fácilmente sacudidos por los medios o la aprobación de celebridades. Confían en grandes nombres y equiparan la fama con ser importante.

Así que si una estrella de Pop promueve un nuevo lenguaje de programación, entonces debe de ser bueno por que la cantante de Pop lo dice.

Si una celebridad va de gira, este grupo se ofrece para hacer las reservaciones, cargar el equipaje, y personalmente acompañar a la celebridad de ciudad en ciudad. Y, gracias a su atención al detalle, todo saldrá a la perfección.

Puedes observar a distribuidores que tienen este valor encabezando su lista. Los verás en fotografías al lado de los líderes y el presidente de la compañía.

¿Cena con el presidente de la compañía? ¡Santo cielo! Estos distribuidores ruedan sobre vidrios rotos para calificar por el privilegio. Olvida los bonos. Piensa qué tan divertido será contar historias sobre aquella noche cuando cenaron con el presidente de la compañía.

Organiza cenas con líderes exitosos de la línea ascendente. Deja que estos individuos sean maestros de ceremonias y hagan las introducciones de las personalidades famosas. (Sí, luego los escucharás: – Cuando compartí escenario con el dueño de la empresa...)

A ellos les encanta su imagen. Ayúdalos a que disfruten aún más de su imagen.

¿Otro valor?

Valor #12: Popularidad.

Stacy es una asistente personal de un ejecutivo en publicidad. En el trabajo, ella se ofrece para apoyar a otros y hacer tareas adicionales. Ella conoce los nombres de todo el personal de la oficina y hace comentarios halagadores a cada uno por las mañanas. Cada semana, lleva flores y galletas hechas en casa para compartir en la oficina.

A pesar de que le cae bien a todos, ha sido dejada de lado para muchos ascensos. Su trabajo es bueno, pero no tiene el tiempo ni energía para dar ese extra y calificar.

¿Por qué? Por que está demasiado ocupada ayudando a otros a hacerlo.

El calendario social de Stacy siempre está lleno. Sin embargo, a menudo hace demasiados compromisos y se satura tratando de complacer a todo mundo. Todos aman a Stacy. Eso es grandioso por que es lo que Stacy quiere –ser amada.

Es fácil detectar personas que valoran mucho la popularidad. Tienen la mayor cantidad de amigos en cada red social. Fueron populares en preparatoria y ahora quieren que todos sean sus amigos. Las personas populares frecuentemente estarán de acuerdo en cualquier cosa sólo por complacer a alguien.

¿Quieres a la persona "SI" perfecta? Aquí los tienes.

Algunas veces cuando estas personas dicen "Sí," pasarán dificultades para seguir adelante. ¿Por qué? Debido a que ya han hecho demasiados compromisos para ayudar a otros.

Las personas con mentalidad de popularidad son geniales construyendo confianza y son capaces de motivar a las personas a su alrededor. Las personas y los prospectos son atraídos naturalmente a este grupo de personas.

Recuerda, las personas en este grupo toman decisiones basadas no en lo que es mejor para ellos, sino basadas en lo que otras personas pensarán de ellos.

Así es, su motivación primaria es asegurarse de que los demás piensen en ellos afectuosamente. Este valor los hace unos de los líderes que más ayudan y apoyan en nuestro grupo.

Muestra apreciación a estos distribuidores. Reconócelos frente a otros y menciona sus contribuciones. Una ovación de pie... vaya, eso sería la recompensa máxima.

Hora de otro valor.

Valor #13: Logros.

Martha sale de casa con su lista de "PENDIENTES" adherida a la portada de su organizador forrado en cuero. También coloca una copia de su lista en el parasol de su coche.

Cada tarea en su lista tiene asignada una cierta cantidad de minutos y Martha sabe que puede incrementar su productividad si toma un atajo en la Calle Nueve. Estas listas son importantes para Martha debido a que tiene que balancear su tiempo cuidadosamente entre los Boy Scouts, la Asociación de Padres y Maestros, el centro comunitario y el partido político local.

No hay proyectos inconclusos en su lista de pasatiempos.

La persona que valora sus logros, compulsivamente escribe listas para poner marcas sobre cada una y sentirse productiva. Su casa está repleta de diplomas y trofeos. Fijan hitos en sus vidas y les gusta mencionarlos con frecuencia.

Una persona conversadora, ella explicará con lujo de detalle el curso de acción que siguió para lograr su última meta. Le gusta contar historias sobre lograr cosas y fácilmente se la encuentra en entornos sociales.

Busca la persona animosa que cuenta historias en un grupo –sin parar. (Vaya, ¿qué sería de una reunión de redes de mercadeo sin algunas de estas personas?)

Mientras el resto de la civilización cree en fijar metas y hacer listas de lugares para viajar, este grupo de personas de hecho alcanza las metas que fija. Cuando hacen una resolución de Año Nuevo, la mantienen hasta el año siguiente.

Este rasgo los hace triunfadores consistentes y grandiosos emprendedores en redes.

No, estas personas no son tímidas. Ellos son de los que hablan.

La motivación significa hacer múltiples tareas... no los aburras con una tarea simple. Son máquinas de alto desempeño.

Valor #14: Deseo de pasar un buen rato.

Kenneth tiene un empleo de oficina. Técnicamente tiene una oficina –sólo que no está seguro dónde está. Cuando está en su trabajo, usualmente lo encuentras al teléfono conversando con amigos de otras ciudades o haciendo planes para la noche.

Se toma la tarde libre del trabajo dos días por semana para asistir a su torneo de raquetbol y es el rey de las "comidas de tres horas." Cuando le dice a todos en la oficina que "estará de vuelta en un minuto," asumen que regresará al día siguiente.

Las personas con este valor encabezando su lista son relajados y de trato fácil. Para ellos el trabajo es un mal necesario, pero una manera genial de conocer nuevas personas. Obviamente prefieren trabajos que ofrecen horarios flexibles y mucho tiempo libre. Los encontrarás cenando con amigos o en eventos deportivos en lugar de trabajando. Prefieren las convenciones, navegar en internet y conferencias motivacionales, en lugar de hacer cuentas, construir negocios, y hacer llamadas.

Como criaturas extremadamente sociales, pasan su tiempo jugando tenis y golf, visitando bares y comiendo con amistades.

¿Qué es lo que motiva a estas personas? Un bono de un viaje o un boleto para convención para poder conocer más amigos y pasar un rato de diversión. Probablemente no los verás en los entrenamientos sabatinos, por que prefieren ir a desayunar con sus amigos.

¿Mentalidad abierta? Claro.

Este grupo considera emocionantes las carreras y oportunidades alternativas puesto que encajan con sus valores y estilos de vida.

Y no hay peligro de que nadie de este grupo se convierta en un adicto al trabajo.

¿Suficientes valores?

Hay muchos más valores. Pero por ahora, veamos qué podemos hacer con este conocimiento sobre los diferentes valores que tienen las personas.

Aquí está la prueba.

Estos son algunos de los valores fundamentales que tienen las personas. Estoy seguro que reconociste que varios de tus amigos y conocidos se alinean fuertemente con ciertos valores.

Por ejemplo, mencioné a mi amigo, Mike. Los valores de Mike son primordialmente los viajes y la aventura... y todo lo demás queda en un distante segundo lugar. Entonces, ¿qué ocurre cuando hablas con Mike sobre redes de mercadeo?

Si hablas sobre seguridad financiera e ingreso residual, Mike educadamente te rechazará. Si no comprendes los valores de Mike, te quedarás pensando:

"¿Cómo es que alguien puede rechazar la seguridad financiera?"

Sin embargo, si describes las aventuras, los viajes y los retos que hay en redes de mercadeo, Mike te sujetaría del cuello contra la pared y te pediría una aplicación para unirse de inmediato.

¿Por qué?

Por que eso es lo importante en la vida de Mike. Él toma sus decisiones basado en cómo afectarán sus valores de viajes y aventuras.

Como comentario al margen, vivir en Estados Unidos se tornó en algo aburrido para Mike, así que hizo sus maletas y se mudó a un remoto pueblo costero en España. Por supuesto que no tenía propuestas de trabajo ni idea de qué hacer cuando llegara, pero eso no importó. ¡Era una nueva aventura!

¿Mencioné que Mike no sabía una palabra de español? Ya te lo esperabas.

Actualmente escala montañas, participa en los interminables festivales del pueblo y está pasando la aventura de su vida.

Los viajes y la aventura son motivación instantánea para Mike. Cuando hablemos con Mike, tenemos que tomar en cuenta sus puntos de vista sobre el mundo.

De vuelta a los valores de otras personas.

Una vez que has establecido los valores de un prospecto, es fácil mostrarle cómo las redes de mercadeo pueden ayudarle a satisfacer esos valores. Algunas personas se unen para hacer amistades, otros para construir un ingreso residual. Y sí, algunos incluso se unen por los viajes y la aventura como Mike.

Antes de que evalúes y establezcas los valores de las demás personas, ¿por qué no practicar contigo mismo primero?

Aquí tienes una oportunidad de evaluar tus propios valores en el orden de mayor importancia para ti. Una vez que hayas organizado tu lista con tus valores más importantes arriba, pregúntate esto:

"¿Estos valores en la parte superior de mi lista explican por qué hago lo que hago?"

Creo que encontrarás que la respuesta es "Sí."

Ahora, si tienes problemas al organizar tus valores en orden descendente, usualmente puedes decir cuáles son los valores más importantes para ti por la cantidad de tiempo que inviertes en ellos.

Por ejemplo, a todos les gusta decir que "Familia" es un valor muy alto en su lista, pero tienden a pasar más tiempo en sus carreras. Hmmm... tal vez eso explique tu reciente decisión de trabajar horas extras toda la semana.

Aquí está la lista de valores que describí. Por favor clasifícalos según el orden de importancia en tu vida.

Lista de Valores.

1. Poder.

2. Seguridad financiera.

3. Deseo de ser rico.

4. Deseo de verse bien.

5. Relación amorosa con la pareja.

6. Familia.

7. Satisfacción profesional.

8. Deseo de sentirse necesitado.

9. Iluminación personal.

10. Adicto a la aventura/adrenalina/viajes.

11. Aspirar a la fama.

12. Popularidad.

13. Logros.

14. Deseo de pasar un buen rato.

Escribe qué valor es el más importante para ti.

Luego escribe, debajo de ese, el siguiente valor más importante, etc.

Cuando termines, tendrás tus valores más importantes encabezando tu lista y los menos importantes estarán al final. Esto debería decirte mucho sobre ti mismo y sobre los criterios que usas al tomar decisiones.

Y finalmente, nota cómo estos valores más importantes marcan la dirección de tu vida.

¿Quieres conocer los valores de tus distribuidores?

Muéstrales cómo hacer este mismo ejercicio.

Esto te ayudará a trabajar con ellos, comprenderlos, y tener una mayor empatía con las decisiones que toman.

Y si no escriben sus valores, sólo observa. Sus acciones y decisiones te dirán sus valores.

¿Los valores pueden cambiar?

Por supuesto, pero no de inmediato.

¿Quieres conocer los valores de tus prospectos?

De nuevo, muéstrales cómo hacer el mismo ejercicio.

Las personas toman decisiones basadas en sus valores actuales. Ese es nuestro punto de partida para comprender su motivación interna actual.

Y finalmente, ¿quieres motivar a las personas?

Fácil. Sólo háblales sobre sus valores más importantes en su lista.

La motivación puede no ser el problema.

En ocasiones las personas me preguntan: –¿Cómo motivo a mi organización? Son perezosos. No quieren hacer llamadas. No traen invitados a las presentaciones. Se rehúsan a contactar a alguien.

Tal vez estamos haciendo la pregunta equivocada. Sólo imagina este escenario:

Nuestro nuevo distribuidor firma la aplicación. Es todo.

¿Nuestro nuevo distribuidor automáticamente obtiene habilidades para hacer redes de mercadeo sólo firmando su aplicación?

No.

Entonces, nuestro nuevo distribuidor sin entrenamiento va y habla con sus familiares y amigos. Y debido a que no conoce "palabras entrenadas"... le **habla A** las personas. Fracasa al hacer que su mensaje atraviese la negatividad, el escepticismo, y el miedo a los vendedores que tienen sus prospectos. Las palabras que decidió utilizar... no funcionaron.

Ahora, nuestro nuevo distribuidor no es estúpido. Es capaz de ver que las palabras que usó no rindieron resultados. Sin embargo, no tiene palabras nuevas qué decir. ¿Por qué?

Por que no le enseñamos cómo **hablar CON** las personas. Nuestro prospecto sólo conoce la comunicación de una sola vía, y eso desanima a los prospectos.

Después de recibir rechazo tras rechazo, nuestro nuevo distribuidor se siente mal. Nuestro distribuidor tiene sentido común. Aprende que la única manera de detener los rechazos y el sufrimiento es dejar de hablar con personas. Y es entonces cuando nuestro nuevo distribuidor queda inactivo.

Nuestro nuevo distribuidor sigue motivado. No tiene un problema de motivación. En lugar de eso, tiene un problema de **entrenamiento**. Nadie le ha enseñado cómo hablar con prospectos... correctamente.

¿Quién tiene la culpa aquí?

Nosotros, por supuesto.

Entonces, antes de culpar su falta de actividad en un problema de motivación, revisemos esto primero.

¿Le dimos a nuestro nuevo distribuidor las secuencias de palabras entrenadas para llevar a cabo el trabajo?

Capacitar a nuestro equipo.

Al aprender las habilidades básicas sobre cómo hablar con personas **correctamente**, nuestro nuevo distribuidor puede conseguir resultados positivos. Es fácil estar motivado cuando los prospectos compran y se unen.

Algunos "problemas de motivación" pueden resolverse al aprender habilidades básicas para negocios de redes de mercadeo, tales como:

* Prospección.
* Construir afinidad.
* Romper el hielo.
* Habilidades de presentación.
* Habilidades para contar historias y demás.

En lugar de animar a nuestro nuevo distribuidor a salir y conseguir más rechazos, quizá podríamos invertir nuestro tiempo capacitando al nuevo distribuidor sobre cómo hablar con las personas... correctamente.

Observa a los prospectos robar la derrota de las fauces de la victoria.

A veces sólo tenemos que dejar ir.

¿Hay algún momento donde debamos de dejar de motivar a las personas en contra de su voluntad?

¿Te suena familiar?

Antes de que comiences con tu presentación tu prospecto objeta: –Es una pirámide. No me quiero involucrar con ese tipo de negocio.

Después de describir que tu oportunidad no es una pirámide, comienzas a mostrarle cómo tu negocio puede cambiar la vida financiera de tu prospecto. Sin embargo, tu prospecto tiene otra defensa bajo su manga. No muestra interés alguno ni entusiasmo con tu negocio. Esto le dará una salida fácil para evitar cualquier éxito en su vida.

Pero tú eres una buena persona, una persona realmente buena. Finalmente le transmites entusiasmo a tu prospecto, pero luego dice:

–Oh yo nunca podría aprender a hacer ese negocio. No soy un vendedor. No puedo hablar en público. No soy muy social. No soy bueno en... no se hacer... etc, etc, etc...

Respira profundo. No importa cuánto ayudes a tu prospecto, todavía se resiste ante sus oportunidades de tener éxito. Así que tomas 15 minutos para convencerlo de que puede aprender las habilidades para hacer tu negocio exitosamente.

Aún así, tu prospecto continúa encontrando nuevas maneras de arrebatar la derrota de las fauces de la victoria. Ahora dice:

–No me sentiría cómodo entregando catálogos en bodas y funerales. No me siento cómodo acosando a mis parientes en la cena de Navidad arrojando un panfleto de presentación encima del pavo. No quiero incomodar a mis amistades ni a mis vecinos, además, no conozco a nadie. No creo que pueda hacerlo.

En algún punto, nosotros por fin comprendemos.

Nuestro prospecto se está esforzando hacia la derrota, no importa cuántas oportunidades le demos para ser victorioso. Aceptemos la decisión de nuestro prospecto y continuemos con nuestras vidas.

Nuestro mensaje de motivación puede encontrar un suelo más fértil con prospectos y distribuidores que quieren dar un paso adelante.

Este es el mensaje final.

No tenemos que motivar a todos. Algunas personas se hacen auto-sabotaje y se estancan a sí mismas donde están. Quizá su jefe chupa-sangre mata sueños ya ha destrozado su espíritu. Simplemente están esperando morir.

¿Por qué no trabajar con personas que ya tienen un poco de inercia y están saliendo adelante en sus vidas? Sí, no puedes cambiar de carril si estás sobre un auto estacionado. Tiene que haber algo de movimiento hacia adelante.

Todos los ejemplos de motivación en este libro funcionan mejor cuando la persona es un terreno fértil para el crecimiento.

Gracias.

Gracias por adquirir este libro sobre algunas de las técnicas motivacionales usadas en redes de mercadeo. Espero que hayas encontrado algunas ideas que te sirvan.

Antes de que termines, ¿estaría bien si te pido un pequeño favor? ¿Tomarías un minuto para dejar una frase o dos como reseña del libro en Amazon? Tu reseña puede ayudar a otros a elegir el siguiente libro para leer. Será de gran ayuda para muchos otros lectores.

Más recursos.

BigAlSeminars.com

FortuneNow.com

BigAlBooks.com/Spanish/

Sobre los autores.

Keith Schreiter tiene más de 20 años de experiencia en redes de mercadeo y multinivel. Keith le muestra a los empresarios de redes de mercadeo cómo usar sistemas simples para construir un negocio estable y en expansión.

¿Necesitas más prospectos? ¿Necesitas que tus prospectos se comprometan en lugar de estancarse? ¿Quieres saber cómo enganchar y mantener activo a tu grupo? Si éste es el tipo de habilidades que te gustaría dominar, te encantará su estilo de cómo hacerlo.

Keith imparte conferencias y entrenamientos en Estados Unidos, Canadá y Europa.

Tom "Big Al" Schreiter tiene más de 40 años de experiencia en redes de mercadeo y multinivel. Es el autor de la serie original de libros de entrenamiento "Big Al" a finales de la década de los 70s, continúa dando conferencias en más de 80 países sobre cómo usar las palabras exactas y frases para lograr que los prospectos abran su mente y digan "SI."

Su pasión es la comercialización de ideas, campañas de comercialización y cómo hablar a la mente subconsciente con métodos prácticos y simplificados. Siempre está en busca de casos de estudio de campañas de comercialización exitosas para sacar valiosas y útiles lecciones.

Como autor de numerosos audios de entrenamiento, Tom es un orador favorito en convenciones de varias compañías y eventos regionales.

Traducción por Alejandro González López

www.ingramcontent.com/pod-product-compliance
Lightning Source LLC
Chambersburg PA
CBHW071215210326
41597CB00016B/1820